«Willst du gesund werden?»

«Willst du gesund werden?»

Gottes Wege zum Heil

Mit Unterscheidungshilfen
zu alternativen Heilpraktiken

WeG Verlag

Autor: Leo Tanner (Pfarrer), in Zusammenarbeit mit Monika Dörflinger (Staatl. geprüfte Heilpraktikerin und Physiotherapeutin), Gabriele Köppe (Staatl. geprüfte Heilpraktikerin), Margret Frey (Seelsorgerin) und Pater Walter Winopal (Ordenspriester, Salvatorianer).

WeG Verlag

Kontakt: sekretariat@weg-verlag.ch

Bibelzitate, soweit nicht anders vermerkt, aus der Einheitsübersetzung der Heiligen Schrift, © 1980, Katholische Bibelanstalt, D-Stuttgart.

Coverfoto: © Yurok Aleksandrovich, www.fotolia.de
Covergestaltung: D&D Medien GmbH, www.ddmedien.com

Druck: Fuck, Druckerei und Verlag, D-56072 Koblenz

1. Auflage 2010

ISBN 978-3-909085-59-0

Inhaltsverzeichnis

Vorwort 8

Einführung 10

1. Teil: Theologische Leitlinien 18

1. Das christliche Weltbild 18
   1.1. Gottes gute Schöpfung 18
   1.2. Der Sündenfall als die grosse Störung 19
   1.3. Die neue und geheilte Schöpfung in Christus 22
   1.4. Vollendung – ein neuer Himmel und eine neue Erde 26
2. Das christliche Menschenbild 28
3. Heil und Gesundheit 30
   3.1. Gott als Arzt im Alten Testament 30
   3.2. Umfassendes Heil in Jesus 31
   3.3. «Kerngesund» 32
4. Erkenntniswege 34
   4.1. Verstand und Vernunft als Erkenntnisquellen 34
   4.2. Erkenntnis durch die göttliche Offenbarung 34
   4.3. Wissen und Macht durch negative Geister 36
5. Die Bedeutung der geistlichen Einstellung 39
   5.1. Das erste Gebot 39
   5.2. Die Versuchung zur Selbst-Mächtigkeit 41

2. Teil: Wie Gott heute heilt 44

1. Wem vertraue ich? 44
2. Dimensionen der Heilung 46
3. Drei exemplarische Heilungen 49
   3.1. Willst du gesund werden? (Joh 5,1–18) 49
   3.2. «Stell dich in die Mitte» (Mk 3,1-6) 52
   3.3. Jesus als der barmherzige Samariter (Lk 10,30–35) 56

4. Heilung durch Vergebung 58
4.1. Bitterkeit – Folgen von Verletzungen 59
4.2. Das Kreuz – Ort der universalen Versöhnung 62
4.3. Verzeihen 64
4.4. Heilung der Gefühle 66
4.5. Ein konkreter Versöhnungsweg 68

5. Heilung durch die Sakramente 70
5.1. Heilung durch die Kranksalbung 71
5.2. Heilung durch das Busssakrament 75
5.2.1. Eine Katechese zum Sakrament 78
5.3. Heilung durch die Eucharistie 82
5.3.1. Das Geheimnis der Erlösung 84
5.3.2. Der Empfang der Heiligen Kommunion 87

6. Heilung durch das Gebet 90

7. Wege der Heilung 97
7.1. Ärztliches und pflegerisches Handeln 98
7.2. Heilung durch einen gesunden Lebensstil 99
7.3. Heilung durch das Wort Gottes 100
7.4. Heilung durch Gemeinschaft 104
7.5. Heilung durch Anbetung 108
7.6. Im Leiden Heilung und Herrlichkeit erfahren 110
7.7. Zusammenschau: Gott will Sein Wirken offenbaren 116

3. Teil: Konkrete Unterscheidung und seelsorgerliche Hilfen 118

1. Nichtchristliche spirituelle Heilverfahren 120
1.1. Geistheilung (Gesundbeten) 120
1.2. Unterscheidungskriterien zur Geistheilung 124
1.3. Philosophie und Menschenbild 128

2. Die Person des Therapeuten (Arztes) 129

3. Einzelne Bereiche näher betrachtet 131
3.1. Homöopathie 131
3.2. Pendeln 133
3.3. Rutengehen 137

4. Seelsorgerliche Hinweise und Hilfen 138

Anhang 141

Akupunktur 141
Akupressur/Shiatsu 142
Amulett 142
Anthroposophie 143
Astrologie/Horoskop/Tierzeichen 145
Aura 147
Ayurvedische Medizin 147
Bachblüten-Therapie 148
Besprechen / «Gesundbeten» 148
Buddhismus 149
Chakra 150
Channeling 151
Daoismus 151
Familienaufstellung 151
Hellsehen 152
Hinduismus 152
Hypnose 153
Kinesiologie 154
Magie 155
Medial / Medium 155
Meditation 156
New-Age 156
Okkultismus 157
Reiki 158
Schamanismus 159
Spiritismus 159
Talisman 161
Theosophische Gesellschaft 161
Therapeutic Touch / Handauflegen / «Strömen» 162
Traditionelle Chinesische Medizin 163
Yoga 163

Literaturverzeichnis 165

Vorwort

Schon immer suchten die Menschen in ihren Leiden und Nöten nach Hilfe, auch heute. Dabei mache ich in der Seelsorge immer wieder die Erfahrung, dass viele Rat- und Hilfesuchende ein Stück weit hilflos und verunsichert sind. Und dies in doppelter Weise. Einerseits kennen sie das Heilungsangebot des christlichen Glaubens kaum und nehmen es deswegen auch nicht in Anspruch. Viele sind sogar erstaunt, wenn sie hören, dass wir einen lebendigen Gott haben, der heute noch heilt.

Und dann lesen sie in Zeitungen, Zeitschriften, Internet und Fernsehen von Personen mit besonderen Kräften und Fähigkeiten, zum Beispiel von Geistheilern[1], Gesundbetern, ... die ihre Dienste anbieten und Hilfe versprechen.

Als Priester und Seelsorger möchte ich in dieser Schrift darlegen, wie Gottes Heilungswege aussehen, wie Gott heute Heilung und Hilfe schenkt. Als Ergänzung dazu möchte ich Unterscheidungshilfen zum Umgang mit alternativen Heilmethoden geben. Um sich ein besseres Bild über die verschiedenen Praktiken und Zusammenhänge machen zu können, habe ich einen Anhang angefügt. Dieses Zeichen* weist darauf hin, dass diese Begriffe dort kurz erklärt werden.

Bei all dem geht es mir um erste grundlegende Gedanken und Perspektiven. Vieles ist ergänzungsbedürftig. Und – zu all dem lege ich in dieser Schrift meine christliche Sicht dar, wie sie zur Zeit aussieht und vom Mitarbeiterteam (vgl. Impressum) mitgetragen wird.

Die katholische Kirche hat nicht zu allen Bereichen, in denen ich in dieser Schrift eine Unterscheidung vornehme, lehramtlich Stellung genommen. Neben dem Katechismus der katholischen Kirche (1993 erschienen), wurde am 3. Februar 2003 vom Päpstlichen Rat für die Kultur und vom Päpstlichen Rat für den interreligiösen Dialog eine christliche Betrachtung zu «New Age»*: «Jesus Christus –

[1] Wenn in dieser Schrift Begriffe wie «Arzt», «Therapeut», «Christ» und ähnliche Begriffe vorkommen, dann verstehen wir sie phänomenologisch und nicht geschlechterspezifisch. Deshalb verzichten wir auf die weibliche Form (z. B. «Ärztin», usw.).

Spender des Wassers des Lebens» veröffentlicht. Diese Studie versteht sich als «vorläufiger Bericht» mit dem Ziel katholischen Gläubigen zu helfen, einen Schlüssel zum Verständnis der Grundprinzipien des New-Age-Denkens zu finden, damit sie diejenigen Elemente des New Age, mit denen sie es zu tun haben, vom christlichen Standpunkt aus zu beurteilen vermögen. Einige Überlegungen dieses Dokumentes sind in diese Schrift eingeflossen.

Sollte das Lehramt der Kirche nach dem Erscheinen dieser Schrift zu einigen Aspekten von New Age, insbesondere der alternativen Heilmethoden, eine konkretere Beurteilung vornehmen und sich diese von derjenigen, die ich vorgelegt habe, unterscheiden, gilt es dem Lehramt zu folgen. In diesem Sinn ist auch diese Schrift ein «vorläufiger Bericht».

Noch etwas: Mein Anliegen ist, mit dieser Schrift die Heilungswege Gottes aus christlicher Sicht darzulegen. Wenn ich als Folge davon in dieser Schrift eine Unterscheidung vorlege, betrifft dies nur die sachliche Ebene. In keiner Art und Weise möchte ich damit ein Urteil über Personen aussprechen, die Heilmethoden anbieten, von denen ich, von der christlichen Unterscheidung in dieser Schrift her, abrate.

Herzlich danke ich Urban Camenzind (Diakon), Monika Dörflinger (Heilpraktikerin und Physiotherapeutin), Gabriele Köppe (Heilpraktikerin), Margret Frey (Seelsorgerin), Pater Walter Winopal (Ordenspriester, Salvatorianer), die in der Ausarbeitung dieser Schrift mit mir zusammengearbeitet sowie ihr Wissen und ihre Erfahrungen eingebracht haben. Herzlichen Dank auch Yvonne Gnirs, Margarete Salzinger, Kirsten Knäple sowie allen, die mich in Einzelfragen beraten haben. Ein besonderer Dank auch dem Verlagsteam für ihre Mitarbeit.

Möge diese Schrift dazu beitragen, dass wir im Vertrauen auf den Heiler (Heiland) Jesus Christus wachsen und dass wir besser unterscheiden können, was dem wahren Heil dient!

Leo Tanner, Pfarrer

Einführung

Gesundheit ist ein grosses Thema, welches die Menschen schon immer beschäftigt hat – so auch heute. Steigende Krankenkassenprämien und die zunehmenden Gesundheitskosten beschäftigen nicht nur Politiker und Wissenschaftler, sondern ebenso Familien und Einzelpersonen.

Meist verbinden die Menschen das Wort «Gesundheit» mit körperlicher Gesundheit. Zugleich aber erleben wir heute einen Trend zu einer viel breiteren, ganzheitlichen Sicht. Körper, Geist, Gefühle und Beziehungen haben mit Gesundheit zu tun. Wir wissen heute, dass bei der Entstehung von Krankheiten und bei der Gesundheitspflege viele nichtkörperliche Faktoren eine Rolle spielen. Die Einsicht, dass zur Gesundheit auch soziale, emotionale und geistliche Faktoren gehören, macht unser Verständnis von Gesundheit umfassender.

Der folgende Text des Frankfurter Dichterpfarrers Lothar Zenetti zeigt auch, dass «Gesundheit» vielschichtig ist: «Ich traf einen jungen Mann, kerngesund, modisch gekleidet, Sportwagen, und fragte beiläufig, wie er sich fühle. Was 'ne Frage, sagte er, beschissen! Ich fragte, ein wenig verlegen, eine schwerbehinderte ältere Frau in ihrem Rollstuhl, wie es ihr gehe. Gut, sagte sie, es geht mir gut. Da sieht man wieder, dachte ich bei mir, immer hat man mit den falschen Leuten Mitleid.»

Wer heilt?

Nicht nur Menschen haben mit Kranken Mitleid, auch Gott. So bezeugt bereits das Alte Testament[2], dass Gott Heilung und Hilfe schenkt: *«Ich bin der Herr, dein Arzt» (Ex 15,26).* Wenn wir die Evangelien lesen, fällt auf, wie Jesus oft Menschen heilte. Ein Viertel der Evangelientexte sind Heilungsberichte und bezeugen so das Erbarmen Gottes. Doch das Vertrauen auf dieses Erbarmen Gottes,

[2] Um auszudrücken, dass «Altes Testament» nicht mit veraltet oder überholt verwechselt wird, spricht man heute auch oft vom «Ersten Testament». Da der Begriff «Altes Testament» im Volk sehr vertraut ist, haben wir uns für diese Schreibweise entschieden.

sowie der Glaube, dass Jesus Christus als Auferstandener auch heute heilt, scheint in Europa weitgehend verloren gegangen zu sein.

Kürzlich wollte eine Umfrage herausfinden: «Was macht Ihnen persönlich Hoffnung, was stimmt Sie für die Zukunft zuversichtlich?» Die erste Stelle mit 69 % nahm der medizinische Fortschritt ein. Viele vertrauen heute einer fast perfekten Medizin und vielfältigen Arten von Therapien und Heilpraktiken. Brauchen wir da noch einen Gott, der heilt?

Vielleicht ist der Mangel an Kenntnis über die christlichen Heilungsquellen ein Grund, weshalb wir ab den 70er Jahren mit einer boomenden Zahl von neuen Lehren und Heilswegen konfrontiert worden sind. Viele davon gehören zum komplexen Phänomen des sogenannten «New Age» und lassen sich unter dem grossen Stichwort «Esoterik» zusammenfassen.

«Esoterik» kommt von altgriechisch «esoterikos» (innerlich) und meint in der ursprünglichen Bedeutung des Begriffs eine für einen begrenzten inneren Personenkreis bestimmte philosophische Lehre. Andere Wortbedeutungen meinen einen inneren, spirituellen Erkenntnisweg, ein «höheres» Wissen.

Seit den späten 70er Jahren wird der Begriff «Esoterik» für ein breites Spektrum verschiedenartiger Lehren und Praktiken gebraucht. So bietet die Esoterik spirituelle Wege und vielfältige Heilungsangebote an. Dazu gehören auch einige Bereiche der sogenannten Alternativmedizin.

Gefragte alternative Heilpraktiken

Alternative Heilpraktiken scheinen einem grossen Bedürfnis des modernen Menschen entgegen zu kommen. Gemäss Umfragen nehmen drei von vier Personen im deutschen Sprachraum Therapien ausserhalb der Schulmedizin in Anspruch. Dabei wenden sich Kranke nicht nur alternativen Therapiemethoden der eigenen Kultur zu, wie Naturheilkunde oder Homöopathie, sondern auch fremder Kulturen wie chinesischer, indischer (ayurvedischer*) und tibetischer Heilpraktiken. 42% sind überzeugt, dass es geheime magische Kräfte gäbe. Mehr als 10% der Schweizer Bevölkerung und fast drei Millionen Deutsche sollen Erfahrung mit sogenannten Geistheilern gemacht haben. Das zeigt das wachsende Interesse an den neuen Heilpraktiken.

Alternativtherapeuten sprechen manchmal davon, dass das, was sie tun, eine «spirituelle» Seite habe. Viele alternative Heilpraktiker betonen, dass ihr Ansatz «ganzheitlich» sei, also Körper, Seele und Geist des Patienten berücksichtige; ferner, dass ihre Methoden «natürlich» und «sanft» seien.

Im Unterschied dazu bezeichnen sie die Schulmedizin als Apparatemedizin, die fast nur das kranke Organ und dessen Symptome betrachtet, um dieses dank eines durch die pharmazeutische Spitzenforschung hochentwickelten Medikamentes und dank der neusten Medizinaltechnologie wieder funktionsfähig zu machen.

Eine solche nur abschätzige Sichtweise wird aber dem unerhört segensreichen Teil der heutigen Schulmedizin in keiner Weise gerecht. Auch wenn eine ganzheitliche Sicht des Patienten in der sogenannten Schulmedizin weniger der Fall sein mag, sind solche Pauschalverurteilungen (im Unterschied zu seriöser Kritik an der Schulmedizin) alles andere als hilfreich.

Viele alternative Heilpraktiker beteuern, dass sie im Unterschied zur Schulmedizin den Menschen als Ganzes wahrnehmen wollen. Sie vermitteln durch ihre Art des Zuhörens und aufgrund ihres Interessens für das ganze Leben den hilfesuchenden Patienten ein Gefühl des Angenommen- und Verstandenseins.

Heilende Wirkung der spirituellen Dimension

Vielen alternativen Angeboten ist gemeinsam, dass die Bedeutung der spirituellen Dimension des Menschen erkannt und in die Therapie mit einbezogen wird. Damit wird Wichtiges in der Heilkunde betont, wofür wir dankbar sein können und was uns als Christen zugleich auch herausfordert. Die Bedeutung der spirituellen Dimension für den Heilungsprozess war z.B. bereits in der Hochkultur Ägyptens bekannt. Ab den 80er Jahren des letzten Jahrhunderts wurde sie bei uns neu aufgenommen und dies in zweifacher Hinsicht.

Erstens: Unter den so genannten «Alternativen Heilverfahren» gibt es eine Fülle esoterisch geprägter Angebote, die Spiritualität als heilenden Aspekt einbringen, meist verbunden mit fernöstlicher Religiosität[3]. So werden heute fernöstliche Heilverfahren in unserer Gesellschaft mehr und mehr akzeptiert, wie zum Beispiel traditio-

[3] Ein Kennzeichen dieser Spiritualität ist in der Regel die Lehre der Reinkarnation (Wiederverkörperung der Seele, Seelenwanderung). Die Reinkarnation basiert auf

nell Chinesische Medizin* (basierend auf dem Daoismus*), Ayurveda-Medizin (Hinduismus*) und Anthroposophische Medizin (Anthroposophie*).

Zweitens: Umfangreiche wissenschaftliche Forschungen haben in unserer Zeit den Einfluss von Spiritualität und Religiosität auf Krankheit und Gesundheit neu untersucht. Die überwiegend in den USA im christlichen Kontext durchgeführten Studien belegen zum grossen Teil erstaunlich positive Auswirkungen des Glaubens auf die Gesundheit.

Damit wird offensichtlich: Spiritualität, beziehungsweise der Glaube, hat heilende Wirkung. Diesem Bereich wollen wir im Folgenden unsere Aufmerksamkeit widmen. Dabei fragen wir nicht nach der Wirksamkeit[4] verschiedener Heilverfahren, worüber heute selbst die Fachleute in Medizin unterschiedlicher Meinung sind. Unser Anliegen betrifft die geistliche Dimension. Wir wollen unseren Blick auf die Quellen der verschiedenen Heilmethoden richten und dann vom christlichen Standpunkt Hilfen zur Unterscheidung geben.

Doppelte Herausforderung

Menschen, die krank sind, suchen Hilfe. Menschen, die leiden, nehmen schnell jede Hilfe an, die ihre Beschwerden möglichst schnell lindern. Gerade da gilt es zu beachten, dass von vielen Seiten heute auch Hilfen angeboten werden, die nach der christlichen Sicht des Lebens dem Menschen letztlich schaden.

Deshalb sind wir zum einen (und vor allem!) herausgefordert *unser eigenes christliches Heilungsangebot* darzulegen und den Menschen zugänglich zu machen. Denn auch heute will Gott heilen! Der Auftrag Jesu zu heilen gilt auch heute noch. Deshalb wollen wir aufzeigen, wie der lebendige Gott heute heilt.

Und zum anderen ergibt sich als weitere Herausforderung die verschiedenen Heilverfahren, die heute angeboten werden aus

---

einem unpersönlichen Gottesbild und macht die Erlösung durch Jesus Christus überflüssig. Deshalb ist sie mit dem christlichen Glauben nicht vereinbar. Mehr dazu vgl. «Reinkarnation und Auferstehungsglaube», WeG-Verlag.

[4] Dazu verweisen wir auf das empfehlenswerte Buch: O'Mathùna, Dònal/Larimore, Walt: Handbuch Alternativmedizin. Darstellung und Beurteilung aus christlicher Sicht. R. Brockhaus Verlag, D-Wuppertal, 2006, welches umfangreiche wissenschaftliche Untersuchungen auswertet.

christlicher Perspektive zu unterscheiden. Herausgefordert werden wir vor allem in der *geistlichen Beurteilung* der verschiedenen Heilverfahren. Ein Hauptproblem ist, dass in vielen dieser neuen Heilverfahren der Glaube vorherrscht, die geistige Natur des Menschen könne durch materielle Mittel beeinflusst und dadurch verändert werden.

Manche Alternativ-Therapien basieren zudem auf Theorien, Praktiken und Ritualen aus nichtchristlichen Religionen. Es gibt alternative Heilpraktiker, die wahrhaft gläubige Christen sind. Andere bekräftigen zwar, dass sie im (und mit dem) Namen Gottes wirken. Doch das sagt noch wenig aus über die Echtheit ihres christlichen Glaubens! «Auch wenn sich viele Geistheiler gern auf Jesus berufen, die Bibel zitieren, ihre Zusammenkünfte in Klöstern abhalten, um sich dort von Ordensmännern Eucharistiefeiern halten zu lassen, dann ist das, was *sie* 'Glauben' nennen, doch weit entfernt von jenem Glauben, den die Kirche lehrt.»[5]

Wichtig für uns Christen ist die Erkenntnis, dass sich der medizinische Teil einer Heilmethode sehr oft nicht von der dahinter stehenden Weltanschauung trennen lässt. Denn dies kann Folgen für den persönlichen Glauben haben. In diesem Zusammenhang sollte uns sehr zu denken geben, dass ein Grossteil jener Christen und Katholiken, die mit Yoga zu tun hatten, gleichzeitig zum christlichen Glauben auch an die Reinkarnation – obwohl diese mit der christlichen Erlösungslehre absolut unvereinbar ist – glauben. Dies ist umso bedenklicher, als gerade beim Yoga, sich gewisse Körperübungen sehr wohl von ihrem spirituellen Hintergrund trennen liessen. Kardinal Léon Joseph Suenens meinte dazu: «Bitte, nennt diese nicht mehr Christen!»

Schwierige Unterscheidung

Hier zeigt sich ein weiteres Problem: das fehlende Glaubenswissen der Gläubigen. Viele Mitglieder der Kirche sind heute offen für verschiedenste Formen des Aberglaubens, weil sie in der christlichen Lehre nicht verankert sind. In einem offiziellen Schreiben über die Unvereinbarkeit von christlichem Glauben mit Reiki betonen die Bischöfe der USA: «Während manchmal Menschen aus Unwissen-

---

[5] Michael Marsch, Geistheilung oder Heilung durch den Heiligen Geist? S. 13 Kanisius Verlag 1988.

heit in Aberglauben fallen, ist es die Verantwortung aller, die im Namen der Kirche lehren, solche Unwissenheit so weit als möglich zu beseitigen.»[6] Diesem Anliegen will unter anderem auch diese Schrift dienen.

Schwierig und problematisch für die Unterscheidung ist weiter, dass sehr oft gleiche Wörter für ganz verschiedene Bedeutungen verwendet werden. «Das verwirrende an den meisten dieser Lehren ist, dass die Worte häufig dieselben sind wie diejenigen des christlichen Glaubens, dass dieselben Worte aber eine ganz andere Bedeutung annehmen.»[7]

Menschen, die krank sind, suchen jedoch keine weltanschaulichen oder gesundheitspolitischen Diskussionen. Sie wollen konkrete Hilfe für ihr akutes Problem. Und dennoch gilt es hier ernsthaft zu bedenken, dass von vielen Seiten Heil versprochen und Hilfe angeboten wird, welche die Patienten, entweder in den Bann – und damit auch in die Abhängigkeit – einer menschlichen Ideologie zieht, sie unter Umständen von einer seriösen medizinischen Abklärung abhält und sie im schlimmsten Fall in Berührung bringt mit einer Quelle, die nicht aus Gott stammt.

Denn die in manchen alternativen Heilpraktiken vertretene Offenheit für alles Spirituelle ohne eine seriöse «Unterscheidung der Geister»[8] könnte also unter Umständen Patienten dem Einfluss von Geistwesen und Praktiken aussetzen, deren Ziel es ist, den Menschen von Gott wegzuziehen und ihnen so letztlich- auch durch etwas scheinbar Gutes, wie eine körperliche Heilung – zu schaden. «Und sind – vielleicht vom Geistheiler unbeabsichtigt und unerkannt- Kräfte des Bösen mit ins Spiel gekommen, so wird es zusätzlich zu der heilenden Wirkung noch ganz erhebliche Nebenwirkungen geben, die vom Patienten oft gar nicht mit der Geistheilung in Verbindung gebracht werden: Er klagt dann plötzlich über Unruhe, Nervosität, Angstzustände, Schlaflosigkeit, vielleicht sogar

[6] Vgl. das am 25. März 2009 veröffentlichte Schreiben mit dem Originaltitel: «GUIDELINES FOR EVALUATING REIKI AS AN ALTERNATIVE THERAPY. Committee on Doctrine United States Conference of Catholic Bishops». Nr. 11.

[7] Michael Marsch, aao. S. 13f.

[8] Hier wird in einer kritischen Differenzierung nach den Quellen von Gedanken, von Gedanken, Gefühlsregungen und Impulsen gefragt im Hinblick auf die Frage, inwieweit sie von Gott, von sich selbst oder vom bösen Geist stammen. In den «Exerzitien» («Geistlichen Übungen») des Ignatius von Loyola ist die Unterscheidung der Geister die zentrale Übung.

über Glaubenszweifel, Unlust am Beten, am Bibellesen und Zur-Kirche-Gehen, über Unfriede in der Familie und am Arbeitsplatz.»[9]

Damit sind wir unversehens mitten in einem theologischen Thema, über das heute nicht mehr viel gelehrt und gesprochen wird. Auch wenn die Wahrheit von der Existenz und vom Wirken der (guten und bösen) Engel keineswegs den zentralen Inhalt der Offenbarung Gottes bildet, so ist sie dennoch wesentlicher Bestandteil des konstanten Glaubens und der Lehre der Kirche.[10]

Dennoch wäre es unzulässig anderen, wie z. B. bösen Geistern, die Verantwortung abzutreten, wo *wir* diese wahrzunehmen haben. So wollen wir an dieser Stelle nicht unterschlagen, dass die meisten Probleme des Menschen ihren Ursprung im Menschen selber haben. In seinen selbstsüchtigen Entscheidungen, in seiner Verschlossenheit für sein eigenes Geheimnis als Geschöpf Gottes, in seinen verabsolutierten Wünschen, in seiner Blindheit gegenüber der göttlichen Würde seiner Mitmenschen, in seinem rücksichtslosen Handeln,…

Damit sind verschiedene Bereiche angesprochen, in denen wir heute neu herausgefordert sind, Krankheit und Heilungswege auf

---

[9] Michael Marsch, aao. S.20.

[10] «Wir wissen, dass innerhalb der Schöpfung der Mensch eine einzigartige Stellung genießt: dank seines Leibes gehört er der sichtbaren Welt an, während er sich durch die Geistseele, die den Leib belebt, gleichsam an der Grenze zwischen der sichtbaren und der unsichtbaren Schöpfung befindet. Dieser unsichtbaren Schöpfung gehören nun nach der Aussage im Glaubensbekenntnis, das die Kirche im Lichte der Offenbarung bekennt, noch andere, rein geistige Wesen an. Sie gehören nicht der sichtbaren Welt an, sind aber in ihr gegenwärtig und tätig. Sie stellen eine eigene Welt dar.
Wie in vergangenen Zeiten, so spricht man auch heute mit mehr oder weniger Weisheit von diesen geistigen Wesen. Man muss zugeben, dass die Verwirrung dabei bisweilen recht groß ist. Das bringt die Gefahr mit sich, etwas als Glaube der Kirche über die Engel hinzustellen, was gar nicht zu diesem Glauben gehört, oder umgekehrt einen wichtigen Gesichtspunkt an dieser geoffenbarten Wahrheit zu übergehen…
Die Offenbarungswahrheit von den Engeln ist gewissermassen nur eine den Rahmen bildende (kollaterale), aber von der Hauptoffenbarung nicht zu trennende Wahrheit. Die Hauptoffenbarung ist die von der Existenz, Majestät und Herrlichkeit des Schöpfers, wie sie in der ganzen sichtbaren und unsichtbaren Schöpfung und im Heilswirken Gottes in der Geschichte des Menschen aufleuchten. Die Engel sind demnach in der Wirklichkeit der göttlichen Offenbarung nicht Geschöpfe ersten Ranges, aber sie gehören voll dazu; ja manchmal sehen wir sie sogar im Namen Gottes selbst fundamentale Aufgaben erfüllen… « Johannes Paul II. Engel-Katechese Juli 1986. Vgl. auch: KKK 327–330, 350.

dem Hintergrund des ganzheitlichen, biblisch-christlichen Glaubens zu betrachten. Dabei gilt: *«Prüft alles, und behaltet das Gute» (Thess 5,21)* wie auch: *«Gleicht euch nicht dieser Welt an, sondern wandelt euch und erneuert euer Denken, damit ihr prüfen und erkennen könnt, was der Wille Gottes ist: was ihm gefällt, was gut und vollkommen ist» (Röm 12,2).* Eine wichtige Grundlage bei dieser Unterscheidung ist für uns das christliche Menschenbild, dem wir uns nun zuerst zuwenden wollen.

1. Teil: Theologische Leitlinien

1. Das christliche Weltbild

Die christliche Deutung der Welt lässt sich in vier Phasen einteilen. Dabei gehen wir von der Sichtweise aus, wie sie uns die Bibel bezeugt und wie sie vom Lehramt der Kirche bestätigt wird.

1.1. Gottes gute Schöpfung

Der christliche Glaube bekennt sich zu Gott als dem Schöpfer des Himmels und der Erde, der sichtbaren und der unsichtbaren Welt, wie das Glaubensbekenntnis bezeugt, das beim Ersten Ökumenischen Konzil um 325 in Nicäa festgelegt wurde: *«Wir glauben an den einen Gott, den Vater, den Allmächtigen, der alles geschaffen hat, Himmel und Erde, die sichtbare und die unsichtbare Welt.»*

Allem Geschaffenen gab der Schöpfer Seine weise Ordnung: der Materie, den Pflanzen, den Tieren, den Menschen und den Geistern der unsichtbaren Welt. Zu dieser Schöpfungsordnung gehört das Zusammenspiel verschiedenster Kräfte, Gaben und Dienste zum Segen und zur Entfaltung allen Lebens.

Wenn schon in der sichtbaren Welt die Rätsel gross sind, dann erst recht in der unsichtbaren, geistigen Welt. Nach dem Glauben der Kirche gehören zu dieser unsichtbaren Welt die Engel, das sind personale Geistwesen, die Gott, den Menschen und der Schöpfung dienen. Sie loben und verherrlichen Gott. Zugleich sind sie Boten Gottes, die in Seinem Auftrag in die Geschichte der Welt und der einzelnen Menschen hilfreich einwirken. Sie übermitteln dem dafür offenen Menschen die Erfahrung von Gottes liebevoller Nähe und Sorge.

«Gott sah alles an, was er gemacht hatte: Es war sehr gut» (Gen 1,31). Gott hat die Schöpfung vollkommen und gut erschaffen. Ein perfektes Werk! Das «Paradies» ist ein sprechendes Bild für dieses harmonische Zusammenspiel. Im Zentrum steht Gott. Seine Liebe und Seine Schönheit leuchtet in allen Beziehungen – auch in der Beziehung der Geschöpfe untereinander – auf. Diese wunderbare Schöpfungsordnung verherrlicht ihren Schöpfer.

1.2. Der Sündenfall als die grosse Störung

In diese wunderbare Schöpfungsharmonie brach nun am neuralgischsten Punkt – in die Freiheit der vernunftbegabten Geschöpfe, der Engel und Menschen – eine furchtbare Katastrophe ein. Denn Gott gab den Engeln und Menschen die Freiheit, die ihnen zugedachte Rolle mit den entsprechenden Aufgaben und Diensten anzunehmen oder abzulehnen, sich für oder gegen Ihn zu entscheiden.

– Die Auflehnung in der unsichtbaren Welt …

Diese Freiheit wurde, so lehrt es uns «die Offenbarung des Johannes» (Apokalypse), von einem Teil der Engel dahingehend missbraucht, dass sich diese gegen die ihnen zugedachte Rolle im Schöpfungsplan entschieden.[11] Anstatt vom Schöpfer und von Seiner Heilsordnung her zu leben, lehnten sich einige Engel – unter ihnen der machtvollste Engel: Luzifer (das bedeutet Lichtträger) – gegen Gottes Ordnung auf. Sie widersetzten sich Gott und Seinem Plan.

---

[11] «Tatsächlich scheiden sich die reinen Geister, wie die Offenbarung deutlich sagt, in gute und böse. Diese Scheidung ist jedoch nicht durch Gottes Schöpfungstat bewirkt worden, sondern auf Grund der Freiheit der Geistnatur, die einem jeden dieser rein geistigen Wesen zu eigen ist. Diese Scheidung wurde bewirkt durch die Entscheidung, die bei den rein geistigen Wesen einen unvergleichlich radikaleren Charakter besitzt und unwiderruflich (irreversibel), d. h. nicht rückgängig zu machen ist in Anbetracht des hohen Grades von intuitiver Erkenntnis und Durchdringung des Guten, womit der Verstand dieser Geistwesen ausgestattet ist. …
Die Entscheidung, die auf Grund der besonderen Klarheit ihres Intellekts und der so in höherer Form erkannten Wahrheit über Gott von den Engeln getroffen wurde, hat die Welt der reinen Geister in Gute und Böse geteilt. *Die Guten haben Gott als höchstes und endgültiges Gut erwählt*, das sie im Lichte des von der Offenbarung erleuchteten Intellekts erkannt hatten. Ihre Entscheidung für Gott bedeutete, dass sie sich mit der ganzen inneren Kraft ihrer Freiheit, der Kraft, die Liebe ist, Ihm zugewandt haben. Gott ist zum totalen und endgültigen Ziel ihrer geistigen Existenz geworden. Die *anderen Engel jedoch haben sich von Gott abgewandt*, ganz im Gegensatz zu der erkannten Wahrheit, die Ihn doch als das umfassende und endgültige Gut auswies. Diese gefallenen Engel haben ihre Entscheidung gegen die Offenbarung des Geheimnisses Gottes getroffen, gegen seine Gnade, durch die Er sie teilhaben ließ an seiner Dreifaltigkeit und an der ewigen Freundschaft und Liebesgemeinschaft mit sich. Auf Grund ihrer geschöpflichen Freiheit haben sie eine ebenso radikale und irreversible Wahl getroffen wie die guten Engel, jedoch dieser *diametral entgegengesetzt:* statt Gott liebevoll anzunehmen, haben sie Ihm eine Absage erteilt, die bestimmt war vom irrigen Gedanken ihrer Unabhängigkeit, von Ablehnung und sogar von Hass, der sich schließlich in Rebellion verwandelte.» Johannes Paul II. Engel-Katechese Juli 1986.

Der Beginn des Unheils ereignete sich also in der unsichtbaren Welt.[12]

Anders als die Menschen auf der Erde haben die Mächte in der unsichtbaren Welt eine endgültige und eindeutige Entscheidung für oder gegen Gott und Seine Heilsordnung gefällt. Die Folge ist: Die geistigen Kräfte und Mächte sind entweder gut, wie der Dreifaltige Gott und Seine Ihm dienenden Engel oder böse, wie der Teufel und seine bösen Geister, auch Dämonen genannt. Gut und Böse stehen sich also gegenüber. Doch sind diese Mächte in der christlichen Weltanschauung in keiner Weise ebenbürtig. Deshalb kann in Bezug auf die christliche Weltanschauung im (strengen) theologischen Sinn nicht von einem dualistischen[13] Weltbild gesprochen werden.

Während nun die guten Geister Gott verherrlichen und Seiner Heilsordnung dienen, bekämpfen die bösen Geister Gott und Seine Heilsordnung. Dies vor allem dadurch, dass sie Geschaffenes, Endliches ins Zentrum stellen, es vergöttlichen (es zu Gott, zu Ewigem erheben), sodass es dadurch zum Götzen wird. Weiter versuchen sie Gottes gute Ordnung schlecht zu machen und wo immer möglich diese zu zerstören (wie z.B. Ehe und Familie). Sie schüren im Menschen Gefühle des Hasses, der Hoffnungslosigkeit und der Sinnlosigkeit. Die negativen Geister sind bestrebt, die Menschen in ihre negative Freiheitsentscheidung hineinzuziehen. Sie verleiten zur Sünde, zum Abfall von Gottes Geboten und dadurch auch zum Abfall von Gott selbst.

Noch etwas unterscheidet die beiden unterschiedlichen Arten von geistigen Wesen: Gott und Seine Engel respektieren in allem die Freiheit des Menschen. Der Mensch bleibt zu jeder Zeit vollkommen frei. In keiner Art und Weise handeln sie gegen den Willen des Menschen.

Die bösen Geister versuchen überall, wo ihnen (durch Sünde, Wunden und Täuschung) Tore offen sind, einzudringen und ihren Einfluss zu vergrössern. Sie machen die Menschen abhängig, unfrei und binden sie. Sie verwirren die Menschen und führen sie von Gott und Seiner guten Ordnung weg.

---

[12] Vgl. auch: KKK 391–395.414.

[13] Der Dualismus (von lateinisch duo «zwei», adj. dualistisch) ist eine philosophisch-religiöse Lehre, nach der es zwei voneinander unabhängige und sich gleichrangig gegenüberstehende Prinzipien im Weltgeschehen gibt. Doch dies ist hier *nicht* der Fall, weil der Teufel (und seine Geister) nur Geschöpfe Gottes und Ihm in keiner Art und Weise ebenbürtig sind.

... führte zum Bruch in der sichtbaren Welt

Dieser Aufstand in der unsichtbaren Welt hatte verheerende Folgen auch für die sichtbare Welt! Denn *«Er wurde gestürzt, der grosse Drache, die alte Schlange, die Teufel oder Satan heisst und die ganze Welt verführt; der Drache wurde auf die Erde gestürzt, und mit ihm wurden seine Engel hinabgeworfen» (Offb.12,9).* Auch der Judasbrief spricht davon, dass *«die Engel ... ihren Wohnsitz verlassen haben» (Jud 1,6).*

Was in der unsichtbaren Schöpfung geschah, hat eine Auswirkung in der sichtbaren Welt. Genesis 3 zeigt, dass die *«Schlange»* von sich aus aktiv wurde und den Menschen verführte. Als Folge des ihm eingeimpften Misstrauens wollte der Mensch nicht mehr den ihm von Gott gegebenen Platz einnehmen, sondern wie Gott sein (vgl. Gen 3,5). Er wollte nicht mehr Verwalter im Auftrag Gottes sein, sondern selbstherrlich bestimmen und verfügen. Damit sonderte er sich vom Schöpfer und Seiner Heil bringenden Schöpfungsordnung ab.

Der Mensch, von Gott geschaffen, um zusammen mit Ihm für Sein wunderbares Werk, die Schöpfung Sorge und Verantwortung zu tragen – *«unterwerft euch die Erde und herrscht ... über alle Tiere» (Gen 1,28)* – beginnt nun selbstherrlich zu handeln. Die «Gebrauchsanweisung» des Konstrukteurs der Schöpfung legte er auf die Seite und stattdessen handelte er nach eigenem Gutdünken.

Damit kam ein Riss, eine furchtbare Verletzung und Störung in die göttlichen Heilsordnung[14], in die sichtbare Schöpfung. Denn mit der Störung der Beziehung des Menschen zu Gott kam in alles, was den Menschen anvertraut wurde, diese unheilvolle Störung: Im Innersten des Menschen offenbarte sich ein Riss, eine Verfremdung, so dass der Mensch sich selbst nicht mehr versteht. In die Beziehungen unter den Menschen kam anstatt eines harmonischen Füreinanders ein konkurrenzierendes Gegeneinander. Weiter kam eine Störung ins Miteinander von Mensch und Tier, ja in die ganze Schöpfung, was sich deutlich unter anderem auch in den Umweltkatastrophen manifestiert.

---

[14] Diese Verletzung und Störung der göttlichen Heilsordnung ist die Folge der Ursünde der ersten Menschen. Die führte zu einem Unheilszustand, in den jeder Mensch hineingeboren wird, welcher ihn auch in der Ausübung seiner Freiheit beeinträchtigt. Dieser Unheilszustand wird «Erbschuld» oder «Erbsünde» genannt.

Die Folgen dieser Entfremdung von Gott sind verheerend: Aus Gesundheit wurde Krankheit (körperliche Dimension), aus der Fülle, dem Heil- und Ganzsein wurde innere Leere (seelische Dimension), aus Friede und Harmonie wurde Feindschaft (soziale Dimension) und aus inniger Gottesfreundschaft wurde Misstrauen und Distanz Gott gegenüber (geistliche Dimension). Auch der Tod in dieser angstmachenden und schmerzlichen Form ist Folge dieser grossen Störung, die wir Sünde[15] nennen. Die Theologen nennen diese Folgen auch das «allgemeine Gericht» Gottes über die Menschheit.

Diese Welt, wie wir sie heute vorfinden, ist nicht mehr so, wie Gott sie ursprünglich geschaffen hat. Doch Gott blieb Seiner Schöpfung gegenüber treu. Das zeigte sich auch darin, dass Er die Aufgaben und Vollmachten, die Er den Engeln und Menschen anvertraut hatte, trotz dem Missbrauch ihrer Freiheit, nicht zurücknahm. So behielten Luzifer und die anderen abgefallenen Engel ihre Vollmachten und Gaben. Doch – abgefallen von Gott – setzten sie diese nicht mehr zum Wohl für die Schöpfung und die Menschen sondern zur Zerstörung und Vernichtung von Gottes Werk ein.

1.3. Die neue und geheilte Schöpfung in Christus

Durch die grosse Störung des Sündenfalles und all ihren Folgen wurde die Schöpfungsordnung verfremdet und verletzt. Der Mensch, selbst verwirrt in der Suche nach seiner eigenen Identität, kann diese – wie den Sinn der ganzen Schöpfung – von sich aus schwerlich mehr ganz erkennen.

Gott schenkt Sein Licht

In diese verfremdete, verletzte und dem Tod ausgelieferte Schöpfung und in die von Gott abgesonderte Menschheit griff Gott voll Erbarmen selbst ein. Er schenkte den Menschen Sein Licht (vgl. Joh 1,9). Durch Seinen Geist wirkte Er, soweit dies angenommen wurde, in allen Menschen und Religionen. Darum können wir überall Heil bringendes entdecken.

[15] Sünde bedeutet Absonderung von Gott und Seiner guten Schöpfungsordnung.

So können die heilenden Kräfte und Zusammenhänge, die Gott in die Schöpfung hineingelegt hat, auch von Menschen aus anderen Kulturen erforscht, entdeckt und angewendet werden. Auch in nichtchristlichen Religionen kann Gott Heil bringendes schenken zum Nutzen aller. Die «katholische Kirche lehnt nichts von alledem ab, was in diesen Religionen wahr und heilig ist. Mit aufrichtigem Ernst betrachtet sie jene Handlungs- und Lebensweisen, jene Vorschriften und Lehren, die zwar in manchem von dem abweichen, was sie selber für wahr hält und lehrt, doch nicht selten einen Strahl jener Wahrheit erkennen lassen, die alle Menschen erleuchtet. Unablässig aber verkündet sie und muss sie verkündigen Christus, der ist 'der Weg, die Wahrheit und das Leben' (Joh 14,5), in dem die Menschen die Fülle des religiösen Lebens finden, in dem Gott alles mit sich versöhnt hat.»[16] Folglich dürfen wir nichts ablehnen, nur weil es nicht auf dem Boden des Christentums entstanden und somit nicht als «christlich» gilt. Unterscheidungskriterium ist vielmehr, ob eine Methode mit Kräften arbeitet, die nicht von Gott sind und nicht aus Seiner guten Schöpfungswirklichkeit stammen.

Doch Gott wollte Sein Heil konkreter offenbaren. Deshalb berief Er unter allen Völkern ein Volk, dem Er das Heil bringende Seiner Schöpfungsordnung offenbarte. Dieses Volk unterwies Er in besonderer Weise und zeigte ihnen schrittweise die «Gebrauchsanweisung» Seiner guten Schöpfung mit dem Ziel, durch Sein auserwähltes Volk diese Wahrheit allen Völkern zu offenbaren.

Deshalb gab Er Seinem Volk die Zehn Gebote und noch viele weitere differenzierende Weisungen und unterwies es durch Priester, Lehrer und Propheten, sowie durch das Beispiel weiser Frauen und Männer. Das Volk Israel erfuhr, dass Gottes Weisungen dem Heil des Menschen dienen. *«Die Weisung des Herrn ist vollkommen, sie erquickt den Menschen. Das Gesetz des Herrn ist verlässlich, den Unwissenden macht es weise. Die Befehle des Herrn sind richtig, sie erfreuen das Herz; das Gebot des Herrn ist lauter; es erleuchtet die Augen» (Psalm 19,8–9).* Gottes Gebote erfreuen und erquicken den Menschen.

---

[16] 2. Vatikanisches Konzil «Nostra Aetate»: Erklärung über das Verhältnis der Kirche zu den nichtchristlichen Religionen. Nr. 3.

Jesus bezeugt Gottes Wahrheit

Doch Gott ist in Seiner Barmherzigkeit noch einen Schritt weiter gegangen. Nicht von «oben» oder von «aussen» her wollte Er Licht und Heil bringen, sondern von «innen» her, aus dem Menschengeschlecht selbst wollte Er sich offenbaren. Darum sandte Gott Seinen eigenen Sohn in die Welt von dem Johannes sagt: *«Das wahre Licht, das jeden Mensch erleuchtet, kam in die Welt» (Joh 1,9).*

Gott selbst kam in Seinem Sohn Jesus Christus zu uns, um uns die Wahrheit zu offenbaren. Das bezeugte Jesus selbst vor Pilatus: *«Ich bin dazu geboren und dazu in die Welt gekommen, dass ich für die Wahrheit Zeugnis ablege. Jeder, der aus der Wahrheit ist, hört auf meine Stimme» (Joh 18,37).* Wer auf Jesus Christus hört, erhält Licht, wie Jesus selbst sagt: *«Ich bin das Licht der Welt. Wer mir nachfolgt, wird nicht in der Finsternis umhergehen, sondern wird das Licht des Lebens haben» (Joh 8,12).*

In den (zwei bis drei) Jahren Seines öffentlichen Wirkens hat Jesus das Reich Gottes verkündet. Er rief die Menschen zum Glauben und zur Umkehr auf. Das heisst: Er rief sie dazu auf Gott als Mitte ihres ganzen Lebens anzunehmen und sich für die ursprüngliche Schöpfungsordnung zu öffnen (Seine göttliche «Gebrauchsanweisung» zu beachten) und Ihn wirken zu lassen. Die vielen Heilungen und Befreiungen von Menschen zeigen, wie durch Jesu Wirken Gottes Heilskraft die Menschen verwandelte. Die heilende Kraft, die von der Gegenwart Jesu ausströmte, führte die Menschen zur Freude am Leben, zu heilen Beziehungen und zum Lobpreis Gottes.

Der Gehorsam Jesu durchbrach die Sünde, die Absonderung von Gott

Jesus ist noch einen Schritt weiter gegangen. Der vertrauensvolle Gehorsam Jesu durchbrach die im Misstrauen geborene Absonderung des Menschen von Gott: die Sünde. Er verkündete nicht nur das Reich Gottes, sondern tritt mit Seinem Leben in alle Risse der verletzten Schöpfung hinein und nimmt alle Verfremdung auf sich. Wie können wir dies verstehen?

Jesus lebte ohne jede Absonderung (Sünde) von Gott, voll und ganz in der ursprünglichen Schöpfungsordnung. In der Taufe am Jordan stellte sich Jesus, der ganz Reine und Sündenlose, in die Reihe der Sünder. Da machte Er sich eins mit der ganzen verletzten, verwirrten und unheilen Menschheit und Schöpfung und sagte Ja zum Heils-Plan Seines Vaters. Dieser bestätigte Ihn als Seinen geliebten Sohn, an dem Er Sein Wohlgefallen habe.

Danach wurde Jesus vom Teufel versucht. Wie einst in Genesis 3 Eva und Adam, so wurde Jesus mit allen Tricks in Versuchung geführt, selbstherrlich zu handeln, faule Kompromisse zu schliessen, Gott ungehorsam zu sein und den bequemen und leidfreien Weg zu wählen. Doch Jesus widerstand der Versuchung. Er blieb bis zum Letzten solidarisch mit den Sündern. Er riss die «Sünde der Welt» mit sich in den Tod. Dies dadurch, dass Er dem Vater gehorsam war, *«gehorsam bis zum Tod, bis zum Tod am Kreuz» (Phil 2,8),* wo Er in geheimnisvoller Weise *«zur Sünde gemacht» (2 Kor 5,21)* wurde und mit ihr starb.

Da vollendete sich, was Johannes der Täufer über Jesus sagte: *«Seht, das Lamm Gottes, das die Sünde (die Entfremdung) der Welt hinweg nimmt» (Joh 1,29).* In diesem Tod ist der Ursprung allen Unheiles in der Welt – der Ungehorsam Gott gegenüber und die Absonderung von Ihm – zum Tod gekommen und somit entmachtet.

Darauf wurde Jesus Christus vom Tode auferweckt und zur Rechten Gottes eingesetzt. Aufgrund des bis zum Letzten aus Liebe durchgehaltenen, vertrauensvollen Gehorsams wurde Jesus *«über alle erhöht und ihm den Namen verliehen, der größer ist als alle Namen, damit alle im Himmel, auf der Erde und unter der Erde ihre Knie beugen vor dem Namen Jesu und jeder Mund bekennt: «Jesus Christus ist der Herr» zur Ehre Gottes, des Vaters» (Phil 2,9–11).*

Der Beginn der neuen erlösten Schöpfung

Was mit dem irdischen Jesus zeichenhaft begann, wurde durch Seinen Tod und Seine Auferstehung zum unwiderruflichen Beginn der neuen Schöpfung. Ausgehend von dieser neuen Wirklichkeit, die das ganze Universum umfasst, wird allen, die dafür offen sind, Heil und Heilung geschenkt. Denn im «Jesus-Ereignis», in der Kraft Seiner Auferstehung in Seiner Einsetzung zum erhöhten «Herrn» und in der Geistsendung, ist die geheilte neue Schöpfung bereits Wirklichkeit.

Paulus zeigt die einzigartige und universelle Bedeutung Jesu Christi mit folgenden Worten: *«Gott wollte mit seiner ganzen Fülle in ihm wohnen, um durch ihn alles zu versöhnen. Alles im Himmel und auf Erden wollte er zu Christus führen, der Friede gestiftet hat am*

Kreuz durch sein Blut» (Kol 1,19–20). Von diesem innersten Punkt her strömt alle Heilung und Wiederherstellung in die ganze Schöpfung und zu allen Menschen.

Die Erfahrung dieses umfassenden Heiles hängt zum einen davon ab, ob und wieweit sich die Menschen dafür öffnen. Denn Heilung ereignet sich dort, wo sich Menschen Jesus Christus und dem Wirken Seines Geistes öffnen. Und zum andern ist es eine Frage der Zeit[17], bis dieses Heil offenbar und vollendet sein wird.

1.4. Die Vollendung – ein neuer Himmel und eine neue Erde

In dieser unserer irdischen Lebenswirklichkeit erfahren wir nur begrenzt Heilung. Auch scheint der irdische Tod alles zu zerstören. Doch die Erlösung, die Jesus begonnen hat und in die wir hineingenommen wurden, wird sich für immer vollenden.

Die Vollendung der Heimholung der Schöpfung aus ihrer Verfremdung, die Vollendung der Heilung und Erlösung in Jesus Christus, ist die letzte, endgültige und bleibende Phase, die wir «Himmel» oder «Paradies» nennen. Damit kommt das ganze Erlösungsgeschehen zum Ziel.

Diese Vollendung sieht Johannes in der Offenbarung[18] so: *«Dann sah ich einen neuen Himmel und eine neue Erde; … Gott … wird alle Tränen von ihren Augen abwischen: Der Tod wird nicht mehr sein, keine Trauer, keine Klage, keine Mühsal. Denn was früher war, ist vergangen. Er, der auf dem Thron saß, sprach: Seht, ich mache alles neu» (Offb 21,1–5).*

«Er wird alle Tränen von ihren Augen abwischen …» Zärtlich, liebevoll und behutsam wird Gott jede Wunde heilen. Tod, Klage, Mühen und Leiden wird es nicht mehr geben. Es gibt keine Trauer

---

[17] Paulus beschreibt diesen Prozess im Bild einer Geburt: *«Denn wir wissen, dass die gesamte Schöpfung bis zum heutigen Tag seufzt und in Geburtswehen liegt» (Röm 8,22).* Wie durch die Geburt das Kind, das schon früher im Leib der Mutter lebte, offenbar wird, so gehen wir auf das Offenbarwerden der «geheilten» Schöpfung zu. *«Und wenn die ganze Schöpfung von der Verderbnis der Sünde und des Todes befreit ist, lass uns zusammen mit ihr dich verherrlichen in deinem Reich durch unseren Herrn Jesus Christus» (Viertes Hochgebet).*

[18] In vielen Bildern beschreibt die Offenbarung des Johannes diese endgültige Wirklichkeit noch mehr in 21,9–22,5.

mehr, keine Krankheit, keinen Schmerz, keine unerfüllten Sehnsüchte und Wünsche. Alles wird alles restlos gut werden. *«Seht, ich mache alles neu.»* Dieses Neuwerden betrifft die ganze Schöpfung.

Endgültige Heimat – Beglückende Identität – umfassende Freude

Nun ist das Reich Gottes in der vollendeten Wirklichkeit da. Durch «Infusionen» der heilenden und erlösenden Liebe Jesu Christi werden alle verletzten Menschen, alle ungerecht Behandelten, alle Abgelehnten, Abgetriebenen, Missgebildeten und Zukurzgekommenen durch das Erbarmen Gottes ganz in das Glück, strahlende Söhne und Töchter Gottes zu sein, hineinfinden. Unsere je eigene Identität wird ganz geheilt sein. Wir werden uns voll Dankbarkeit über das freuen, was jeder von uns ganz persönlich ist, und zugleich uns aus ganzem Herzen über das strahlende Geheimnis jedes anderen freuen.

Zugleich werden auch alle unsere Beziehungen geheilt sein. Alle Menschen, die einander verletzt haben und sich schwer miteinander taten, werden in inniger Liebe miteinander verbunden sein. Denn Er hat alle Wunden und belastenden Erinnerungen geheilt. Neid und Eifersucht gibt es nicht mehr. Jede Beschämung und Schuld ist getilgt. Alle Beziehungen sind durchstrahlt von Seiner Liebe. Wir werden niemandem mehr aus dem Weg gehen – im Gegenteil: Wir alle werden uns aneinander und am Glück aller anderen in alle Ewigkeit freuen.

Wir Menschen sind auf diese Vollendung in Gottes ewigem Reich der Liebe hin geschaffen. Wir tragen eine Sehnsucht nach einer so grossen Fülle von Glück und Herrlichkeit in uns, wie sie uns diese irdische Welt nie geben kann. Wir sind für die Ewigkeit geschaffen. Deshalb fehlt uns immer etwas in dieser Welt. Darum begleitet uns eine innere Unruhe, ein Suchen nach etwas, das wir nicht genau beschreiben können. Deshalb können wir mit allem, was uns diese Welt bietet, nie ganz erfüllt sein. Wir können viele Glücksmomente erleben und dennoch sehnen wir uns nach einem beständigen Glück. Wir sind geschaffen für das, was uns nur der Himmel geben kann.

2. Das christliche Menschenbild

In der ganzen Schöpfung kommt dem Menschen eine einzigartige Würde, eine Art Schlüsselfunktion zu. *«Du hast ihn nur wenig geringer gemacht als Gott, hast ihn mit Herrlichkeit und Ehre gekrönt. Du hast ihn als Herrscher eingesetzt über das Werk deiner Hände, hast ihm alles zu Füßen gelegt» (Ps 8,6–7). «Herrschen»* deutet auf die schöpferische Kraft und die unerhörte Verantwortung hin, die Gott dem Menschen geschenkt hat.

Von diesem Auftrag spricht auch der Schöpfer: *«Seid fruchtbar, und vermehrt euch, bevölkert die Erde, unterwerft sie euch, und herrscht über die Fische des Meeres, über die Vögel des Himmels und über alle Tiere, die sich auf dem Land regen» (Gen 1,28).* Diesen Auftrag soll der Mensch nicht losgelöst von Seinem Schöpfer, sondern im Zusammenwirken mit Ihm ausführen.

Geschaffen als Abbild Gottes

Doch noch bedeutsamer als die Mitarbeit im Schöpfungsauftrag ist das Sein des Menschen, seine wesensmässige Berufung. Dieses Besondere des Menschen zeigt sich von Anfang an: *«Gott schuf also den Menschen als sein Abbild; als Abbild Gottes schuf er ihn» (Gen 1,27).* Hier offenbart sich die unverlierbare Würde jedes Menschen: Jeder Mensch ist von seiner Zeugung an als *«Abbild Gottes»* geschaffen und berufen, etwas von Gott in alle Ewigkeit ab-zu-bilden und aufstrahlen zu lassen. Und dies völlig unabhängig von Alter Geschlecht, Rasse, Religion, Nationalität und auch von einer allfälligen Behinderung seines Lebens.

«Abbild» weist auf ein Ur-Bild hin. Gott, der Dreifaltige, ist das Urbild. Dieser ist in sich selbst liebende Gemeinschaft: Der Vater liebt den Sohn, der Sohn liebt den Vater – und dieses gewaltige und unvorstellbare Liebesband zwischen Vater und Sohn ist selbst Göttliche Person: der Heilige Geist. So ist der Dreifaltige Gott in sich selbst eine Liebesgemeinschaft, lebendiger Austausch, Freude, Schönheit, Herrlichkeit, unvorstellbares Glück. Gott ist in sich ein unendlicher Strom der Liebe: vom Vater zum Sohn und vom Sohn zum Vater, und dies im Heiligen Geist.

Der Mensch ist ein Geschöpf Gottes und bezieht seine Identität aus dem Abbildsein Gottes. Er ist beauftragt, in der Schöpfungsordnung Gottes zu leben, das heisst vom Urbild Gottes her sein Abbild-Sein immer neu zu empfangen. Bildhaft ausgedrückt ist es Aufgabe des Menschen als Mond um die Sonne Gottes zu kreisen, von Ihm das Licht zu empfangen und auszustrahlen; von Ihm als Mitte her zu leben.

Nun ist aber der Mensch hineingeboren in die gefallene Schöpfung, die von Unordnung und Beziehungsstörung geprägt ist. Das hat zur Folge, dass dieses Abbild-Gottes-Sein des Menschen durch seine Geburt in die gefallene, verfremdete, verwirrte und verletzte Schöpfung so sehr beschädigt und verunstaltet ist, dass diese oft nicht mehr wahrgenommen und erkannt wird. Und dennoch ist und bleibt dies die tiefste Wahrheit.

In Beziehung leben

Als *«Abbild Gottes»* ist der Mensch - wie der Dreifaltige Gott - ein Beziehungswesen. Er ist berufen, in Beziehung zu Gott, zu sich selber, zum Mitmenschen, und zur Mitwelt zu leben. Dazu wurde der Mensch als eine Einheit von Körper-Seele-Geist geschaffen. Er hat also neben der biologisch-körperlichen und der psychisch-geistigen Ebene auch eine geistliche Dimension. Alle diese Beziehungsebenen können verletzt und gestört sein.

Mit Freiheit ausgestattet

Wahre Liebe kennt eine Bedingung: die Freiheit. Denn der Mensch ist zu nichts Geringerem gerufen als zu einer Beziehung der Liebe zum Dreifaltigen Gott. Und Liebe setzt Freiheit voraus.

Diese Freiheit, gab Gott dem Menschen als kostbarstes Gut, das Er völlig respektiert. Es ist die Freiheit, Gott und Seine Schöpfungsordnung anzunehmen oder nicht. In dieser dem Menschen geschenkten Freiheit machte sich Gott vom Menschen abhängig. So unfassbar gross ist die Würde des Menschen in den Augen Gottes.

3. Heil und Gesundheit

Vom christlichen Welt- und Menschenbild her ist jede Form von Krankheit auf die gestörte Schöpfungsordnung zurückzuführen und somit Ausdruck der Un-Ordnung dieser Welt, beziehungsweise Ausdruck der Erlösungs- und Heilungsbedürftigkeit der ganzen Schöpfung. Dabei ist die eigentliche Krankheit tiefer zu sehen als das Nicht-mehr-Funktionieren von bestimmten Organen. Sie hat wesentlich mit der Ur-Sache allen Unheils zu tun.

3.1. Gott als Arzt im Alten Testament

Schon das Volk Israel suchte nach Erklärungen für das Auftreten von Krankheiten und nach Wegen der Heilung. Für das Volk Gottes war Jahwe der Arzt, der nicht nur Wunden verbindet, sondern den Weg der ganzheitlichen Gesundung aufzeigt: *«Wenn du auf die Stimme des Herrn, deines Gottes, hörst und tust, was in seinen Augen gut ist, wenn du seinen Geboten gehorchst und auf alle seine Gesetze achtest, werde ich dir keine der Krankheiten schicken*[19]*, die ich den Ägyptern geschickt habe. Denn ich bin der Herr, dein Arzt» (Ex 15,26).* Das zeigt: Was auch immer die Ursache von Krankheiten war, der Heilungsprozess beginnt in der Umkehr zu Gott.

Das zeigt auch eine der eindrücklichsten Heilungen, die uns im Alten Testament überliefert werden: die Heilung Naamans, des Kommandanten der königlichen Armee von Syrien. Er war an Lepra (Aussatz) erkrankt (vgl. 2. Könige 5,1–19). Durch die Magd seiner Frau erfährt er von der Heilskraft des Propheten Elischa in Israel. So macht er sich auf den Weg. Als Naaman beim Propheten vorspricht, schickt Elischa einen Boten zu ihm hinaus und lässt ihm sagen: *«Geh und wasch dich siebenmal im Jordan! Dann wird dein Leib wieder gesund, und du wirst rein» (2 Kön 5,10).*

Doch das passt Naaman nicht. Er reagiert vorerst abweisend. Er hatte sich die Heilung anders vorgestellt. Schliesslich geht er doch zum Jordan hinab und tauchte siebenmal unter, wie ihm der Prophet

[19] Hier wird Krankheit als Folge des Ungehorsams Gott und Seinen Geboten gegenüber verstanden.

befohlen hatte. Da wird sein Leib gesund und ganz rein. Nun kehrt er zum Propheten zurück, tritt vor ihn hin und sagt: *«Jetzt weiß ich, dass es nirgends auf der Erde einen Gott gibt außer in Israel» (2 Kön 5,15).*

Die Heilung hatte nicht nur eine tief greifende Auswirkung auf Naamans körperliches Leben, sondern veränderte sein Verhältnis zu Gott. Darum geht es Gott. Heilung will zum Glauben führen. Das wird im Neuen Testament noch deutlicher.

3.2. Umfassendes Heil in Jesus

Das Neue Testament bezeugt, dass Jesus zuerst die Menschen zur Umkehr (vgl. Mk 4,15; Mt 4,12) aufrief. Sie sollten sich Gott, ihrem Schöpfer zuwenden, weil dieser Seine Liebe und Sein Erbarmen den Menschen offenbaren will. Oft rief Jesus auch die Kranken zum Vertrauen auf. *«Dein Glaube hat dir geholfen», sagte Jesus oft (vgl. Lk 17,19; 18,42). «Geh, es soll geschehen, wie du geglaubt hast» (Mt 8,13). «Wie ihr geglaubt habt, so soll es geschehen» (Mt 9,29).* Viele Kranke versuchten, Ihn zu berühren, *«denn es ging eine Kraft von ihm aus, die alle heilte» (Lk 6,19b).*

Jesus war über viele Leiden so erschüttert, dass Er sich von den Kranken nicht nur berühren liess, sondern Er machte sich ihre Nöte zu Eigen: *«Er hat unsere Leiden auf sich genommen und unsere Krankheiten getragen» (Mt 8,17b).* Und doch heilt Jesus nicht alle Menschen in ihren körperlichen Defekten. Denn unser Leben ist mehr. Es umfasst tiefere Dimensionen und ist auf die Ewigkeit hin angelegt.

Dieses umfassende Heil hatte Jesus im Blick. Es besteht in der Befreiung zur wahren Identität des Menschen, zu seinem ureigenen Abbild-Gottes-Sein. So war die körperliche Heilung stets ein Zeichen dafür, dass das Erbarmen Gottes den ganzen Menschen umfasst und ihn wiederherstellen will. Selbst die spektakulärste Heilung will auf jenes Heil hinweisen, das den Tod für immer überwindet und dessen sichtbare Erfüllung bis heute noch aussteht.

So waren Jesu Heilungen Zeichen für das Kommen des Gottesreiches. Sie kündigten eine viel tiefer greifende Heilung an: den Sieg über Sünde und Tod. Jesus ging es nicht darum, alle Leiden dieser Welt einfach wegzunehmen, sondern die Ur-Sache des Leidens: die

Sünde mit ihren grausamen Auswirkungen in allen Bereichen des Lebens wegzunehmen.

Am Kreuz nahm Jesus Christus in geheimnisvoller Weise die ganze Last des Bösen und der Krankheit auf sich. Er nahm *«die Sünde der Welt»* – und damit die Ur-Sache von Krankheit und Tod – *«hinweg» (Joh 1,29)*. So konnte Petrus sagen: *«Durch seine Wunden seid ihr geheilt» (1 Petr 2,24b)*.

Heilung im Sinne Jesu betrifft den ganzen Menschen. Der ganze Mensch ist Ihm wichtig. Und gerade deshalb steht bei Jesus nicht die körperliche Heilung im Mittelpunkt. Vielmehr ist es Sein tiefer Wunsch, die Menschen zum Glauben an die Königsherrschaft Gottes und in die Liebe Seines Vaters zu führen. Darum (bzw. wegen der falschen Messiaserwartungen) hat Jesus manchmal auch den Menschen verboten, von den Heilungen zu erzählen, weil die Gefahr bestand, dass sie dadurch das Entscheidende übersehen. Jesus wollte nicht als Wundertäter bejubelt werden, viel mehr wollte Er den Vater in Seiner unendlichen Liebe offenbaren.

3.3. «Kerngesund»

Die Liebe Gottes will Heil schenken. Wenn wir «Sünde» im innersten Wesen als Absonderung von Gott und somit als Störung der Beziehung zu Gott verstehen, dann schenkt Jesus den Menschen immer Heilung in dieser Beziehung. «Kerngesund», das heisst im innersten Kern gesund ist jener Mensch, welcher das Heil Gottes in Jesus Christus persönlich annimmt. Dieses von Gott im Herzen empfangene Heil wirkt in alle anderen Dimensionen des Menschseins hinein, und es wirkt sich aus in einer versöhnten Beziehung des Menschen zu sich selber, zu seinen Mitmenschen und zur Umwelt.

Deshalb hängt unser Heilsein in vielfacher Weise von unserem «Innen-Leben» ab, das Gott nähren und fördern möchte. Wir können sagen: Jesus Christus ist in die Welt gekommen, um allen Menschen die «himmlische» Gesundheit zu geben und, soweit es Seinem Willen entspricht, auch das psychische und körperliche Wohlergehen.

Im Kern gesund ist jener Mensch, der das Heilsangebot Gottes in Jesus Christus annimmt und diesem entsprechend lebt. Von daher kann Kerngesundheit gerade auch bedeuten, mit Behinderung, Verletzung und Krankheit leben zu können. Menschen können in diesem Sinne «gesund» sein, obwohl ihre Situation alles andere als beneidenswert ist. So kann ein Mensch mit einem Krebsleiden oder einer Querschnittslähmung mehr ein kerngesunder Mensch sein, als ein sportlicher, intelligenter und erfolgreicher Mensch, der Gott aus seinem Leben ausgeklammert hat.

Kerngesundheit schliesst ein, dass Gott uns auch zum Leiden befähigt. Dazu kann gehören im Angesicht von Not, Krankheit, Elend oder Ungerechtigkeit an der Liebe, der Güte und der Barmherzigkeit Gottes festzuhalten. Denn das Ziel ist der heile – nicht der unversehrte und leidfreie – Mensch in der Schöpfungsordnung Gottes: der Mensch, geschaffen als Abbild Gottes.

Der Wert der Gesundheit

Gesundheit im umfassenden Sinn ist ein Teil von Gottes guter Schöpfung. Die Sorge für unsere körperliche, emotionale und geistliche Gesundheit und für gesunde Beziehungen ist deshalb eine wesentliche christliche Aufgabe. Eine gute Gesundheit ist ein Mittel, durch das wir Gott verherrlichen und anderen dienen können. Die Liebe zum eigenen Leben und damit die Sorge um die eigene Gesundheit ist göttliche Pflicht, insofern sie integraler Bestandteil der Selbstliebe ist (vgl. Mt 22,36–40).

Dennoch: Gesundheit ist kein Selbstzweck! Sie will sorgfältig gegen andere Werte abgewogen werden. Für jemanden, der die geistliche Dimension kleinschreibt oder der nicht an ein Leben nach dem Tod glaubt, ist das irdische Leben die ganze Realität, die man dann möglicherweise um jeden Preis erhalten muss.

Wenn der Sinn des Lebens nur darin besteht, das physische Leben zu fördern - und auch hier nicht irgendein Leben, sondern ein Leben, das nach bestimmten von Menschen gemachten Kriterien als «wertvoll» oder «gesund» und «lebenswert» gilt – dann wird die physische Gesundheit zum Götzen. Im Licht einer solchen Weisheit kreist das Leben darum, eine bestimmte «Lebensqualität» so lange wie möglich zu erhalten.

Auf dieser (kurzsichtigen) Basis beruhen einige der neueren Entwicklungen im Gesundheitswesen wie zum Beispiel das Klonen, das Benutzen von embryonalen Stammzellen als «Ersatzteillager», die Abtreibung von unerwünschtem Leben, Hilfe zum Selbstmord, das Erzeugen von Retortenbabys, …

4. Erkenntniswege

Weshalb sind solche Entwicklungen im Gesundheitswesen höchst problematisch? Sie beruhen auf einer «verkürzten» Sicht von Gesundheit, bei der nicht nach dem schöpfungsgemässen Sinn des menschlichen Lebens gefragt wird. Damit berühren wir die weitere Frage: Wie können wir den Sinn unseres Lebens und die Absicht Gottes mit uns erkennen?

4.1. Verstand und Vernunft als Erkenntnisquellen

Es gehört zur Berufung des Menschen, sich die Erde untertan zu machen. Dies nicht nur durch Muskelkraft, sondern auch durch Intelligenz und Technik. Deshalb erforscht der Mensch unermüdlich die Dinge der Schöpfung. Dazu ist ihm Verstand und Vernunft gegeben. Durch die Vernunft und die vielen Wissenschaften wächst das Wissen des Menschen beständig, insbesondere das Wissen um die Zusammenhänge in der materiellen Welt.

Mit unserer Vernunft können wir viele Zusammenhänge auch über den Sinn des Lebens, erkennen. Die Kirche lehrt sogar, dass der einzige und wahre Gott, «der Ursprung und das Ziel aller Dinge, mit dem natürlichen Licht der menschlichen Vernunft aus den geschaffenen Werken mit Gewissheit erkannt werden kann.»[20] Wer vernünftig lebt, wird zudem die Gesetze der Natur respektieren und erkennen, was heilsam ist.

4.2. Erkenntnis durch die göttliche Offenbarung

Der christliche Glaube versteht sich als Offenbarungsreligion. Gott hat in Seiner Güte und Weisheit beschlossen, sich selbst zu offenbaren. Dieses Offenbarungsgeschehen ereignet sich in Tat (z. B. in der Schöpfung) und im Wort (wie dies z. B. die Bibel bezeugt).

In besonderer Weise offenbart Er sich durch Seinen Sohn Jesus Christus, der in unsere Welt gekommen ist, um die Wahrheit Gottes zu bezeugen (vgl. Joh 18,37). Jesus wirkt bis heute weiter im Heiligen Geist, den Er uns versprochen hat. *«Wenn aber jener kommt, der Geist der Wahrheit, wird er euch in die ganze Wahrheit*

[20] Vgl. KKK 36.

führen» (Joh 16,13). Schritt für Schritt will uns Jesus ins Erkennen der Wahrheit einführen und durch den Heiligen Geist Licht geben.

Dies ist insbesondere in Bereichen nötig, zu denen der Mensch auf natürlichem Weg keinen Zugang hat, z. B. wo es um die tiefste Berufung des Menschen und um Gott geht. Dazu gehören auch andere Bereiche in der unsichtbaren Welt. Hier sind wir auf Offenbarung angewiesen. Da stellt sich die Frage: Baue ich allein auf menschliches Wissen auf den eigenen (auch theologischen) Erkenntnishorizont oder bin ich offen für die Offenbarung Gottes, für die geistliche Sicht und geistliche Realitäten?

In diesem Zusammenhang ist bemerkenswert, worauf Kardinal Léon-Joseph Suenens, im Blick auf den «Geist der Wahrheit» hingewiesen hat: «Das Wirken des Heiligen Geistes ist nicht nur in lichtvollen und positiven Seiten wahrnehmbar. Es macht die Christen auch sensibel für die Wirklichkeit der Finsternis. Es vermittelt etwas wie ein neues Bewusstsein für die Realität des Feindes, des Widersachers des Gottesreiches… Der Heilige Geist macht Christus offenbar – das ist seine eigentliche Mission –, aber als Folge davon und im Kontrast dazu hilft er, all das aufzudecken, was sich Christus widersetzt und was zum Antichrist gehört… Es ist also nur normal, dass der Heilige Geist das Wissen um den finsteren Grund schärft, auf dem sich das Schicksal der Menschen abspielt…».[21]

Zur Offenbarung gehört auch, dass der Heilige Geist einzelnen Menschen bestimmte «Erkenntnisgaben» (vgl. 1 Kor 12,8) gibt. Durch diese Gaben wird offenbart, was dem natürlichen Erkennen verborgen und doch in bestimmten Situationen hilfreich ist. Letztlich können wir in bestimmten Fragen nur durch die Offenbarung Gottes, durch die Erkenntnisgabe wissen, aus welchen Quellen z. B. die Heilung kommt, was verborgene Ursachen für bestimmte Probleme und Leiden sind oder wie Er bestimmte Bereiche in Seinen Schöpfungsplan eingefügt hat.

Hier bleibt der Mensch abhängig von Gott. Gott selbst entscheidet, wie viel und welches Wissen Er den Menschen zukommen lässt. Denn Er überfordert uns nicht. Schon Jesus hat davon gesprochen: *«Noch vieles habe ich euch zu sagen, aber ihr könnt es jetzt noch nicht tragen» (Joh 16,12).*

[21] Kardinal Léon-Joseph Suenens, in «Erneuerung und die Mächte der Finsternis», mit einem Vorwort von Joseph Kardinal Ratzinger. (Otto Müller Verlag Salzburg 1983) zitiert aus Kapitel VII.

Zu viel Wissen kann uns das Leben schwer machen und uns blockieren. Darum möchte Gott, dass wir uns im Bereich der Erkenntnis von Ihm führen lassen. Dabei hat Gott unserem Erkennen bewusst Grenzen gesetzt. So verbietet uns Gott, die Zukunft vorhersehen zu wollen, weil solches Wissen uns letztlich nur schadet. Stellen wir uns vor, wir wüssten, wann wir sterben würden. Dieses Wissen würde uns (vermutlich) einengen und unfrei machen.

4.3. Wissen und Macht durch negative Geister

Wer sich damit nicht zufrieden gibt und mehr wissen will, als Gott ihm durch das Geschenk Seiner Offenbarung vermittelt, kann sich negativen Geistwesen der okkulten Welt öffnen. Okkult heisst verborgen. Doch damit begibt sich der Mensch auf einen gefährlichen Weg, den Gott ausdrücklich verboten hat (vgl. Dtn 13,2–5 und Dtn 18, 2–14). Der Mensch öffnet sich finsteren Mächten und Kräften. Diese erhalten dadurch die Möglichkeit, auf das Leben der Betroffenen unkontrolliert einzuwirken.

Solche Kontaktsuche kann aus Neugier geschehen, denn viele beschäftigt die Frage: Was kommt nach dem Tod? Andere hingegen bewegt der Wunsch, mit den Verstorbenen (in unerlaubten Weise) «in Kontakt» zu bleiben. Welches auch immer die Beweggründe sind, Tatsache ist, dass die Engel (auch die abgefallenen Engel, die Dämonen) mehr Wissen über das Leben in der unsichtbaren Welt haben als wir. So waren es bei Jesus die Dämonen, die lautstark die Wahrheit über Ihn verkündeten: *«Ich weiss, wer du bist: Der Heilige Gottes» (Mk 1,24).*

Während die Engel nur im Auftrag Gottes Wissen weitergeben, versuchen die Dämonen auf alle mögliche Weise die Menschen neugierig zu machen und zum Ungehorsam gegenüber Gott zu verlocken, wie dies die Geschichte von der Schlange im Paradies und die Versuchung Jesu in der Wüste zeigen. Dabei geben sie sich nur als gute und dem Menschen dienliche Geister aus. Doch auch wenn diese Geister Tatsachen[22] vermitteln können, sodass die Menschen darüber erstaunt sind, so sind und bleiben sie Lügengeister.

---

[22] Dies kann auch dann der Fall sein, wenn Menschen sich in so genannten «Rückführungstherapien» an «frühere Re-Inkarnationen» zu erinnern meinen. Doch dieses Wissen kommt von den «bösen Geistern», die sich unter verschiedenen Verkleidungen (so z. B. als verstorbener Verwandter mit allen dessen Charaktereigenschaften) zeigen können.

Darauf weist Jesus hin, als Er von Seinem Feind, dem Widersacher Gottes sprach: *«Er war ein Mörder von Anfang an. Und er steht nicht in der Wahrheit; denn es ist keine Wahrheit in ihm. Wenn er lügt, sagt er das, was aus ihm selbst kommt; denn er ist ein Lügner und ist der Vater der Lüge» (Joh 8,44).* Das heisst, der Widersacher lügt, blendet und verblendet. Er belügt uns in Bezug auf Gott, den Sinn des Lebens, über sich selbst, kurz, über alles. Dabei geben sich Dämonen den Anschein als seien sie dem Menschen nur gut gesinnt.

Diese Geistwesen geben sich z. B. als «Natur», als «das Selbst», als «Lichtengel», als geistige Führer, als Geist einer bestimmten verstorbenen Person, usw. aus. Durch mediale Praktiken bieten sie den Menschen ihre Dienste an und vermitteln Informationen, und verschiedenste Kräfte aus der verborgenen (okkulten) Welt.

Dabei vermitteln solche Geister scheinbar und vordergründig Gutes und Hilfreiches. Das Problem dabei ist deren innerste Absicht, nämlich die Menschen von Gott wegzuführen. Unmerklich binden solche Geister die Menschen an sich und an die Lüge. Und genau damit führen sie letztlich von Gott – und damit vom Erlösungsweg Jesu Christi – weg und dienen somit in keiner Weise der «himmlischen» Gesundheit.

Neugier oder Vertrauen?

Um die Menschen vor Schaden zu bewahren, und damit Er unsere Mitte bleibt, gab Gott den Menschen von Anfang an das Gebot: *« Von allen Bäumen des Gartens darfst du essen, doch vom Baum der Erkenntnis von Gut und Böse darfst du nicht essen; denn sobald du davon isst, wirst du sterben» (Gen 2,16b–17).* Nicht umsonst heisst es weiter in der Schrift, dass der Baum der Erkenntnis von Gut und Böse *«in der Mitte des Gartens»* steht (Gen 1,9).

Und: *«Die Frau entgegnete der Schlange: Von den Früchten der Bäume im Garten dürfen wir essen; nur von den Früchten des Baumes, der in der Mitte des Gartens steht, hat Gott gesagt: Davon dürft ihr nicht essen, und daran dürft ihr nicht rühren, sonst werdet ihr sterben» (Gen 3,2–3).* Es geht hier um die Mitte, um das innerste Geheimnis des menschlichen Lebens. Wenn die Menschen dieses Gebot übertreten und dadurch ihr innerstes Geheimnis antasten, legen sie Hand an ihre eigene innerste Mitte als Geschöpfe Gottes. Die Folge davon ist, dass das Leben in irgendeiner Form «zerstört» oder beeinträchtigt wird. Es gibt also Grenzen (und zu diesen gehört diese Form von Erkenntnis), welche wir als Geschöpfe nicht (ungestraft) übertreten dürfen.

So spricht Gott durchgehend durch das Alte Testament und das Neue Testament davon, dass wir zu keinen Wahrsagern[23] gehen dürfen. *«Wahrsagerei und Zauberei sollt ihr nicht betreiben … sucht nicht Wahrsager auf; sie verunreinigen euch» (Lev 19,26b.31).* Anstatt die Zukunft kennen zu wollen, sind wir eingeladen, als Gottes Geschöpfe Ihm zu vertrauen. Dann bleiben wir abhängig vom Schöpfer. Wir lassen uns als Seine Kinder von Ihm führen.

Doch im Menschen kann sich der Wunsch regen, selbst mehr (über sich, über andere, über die Zukunft, …) zu wissen und auch selbst über *«Gut und Böse» (Gen 3,5)* bestimmen zu wollen. Diese Neugier oder das Misstrauen gegen Gott wird zum Ort der Versuchung.

In der Erzählung über das Paradies verlockt die Schlange die ersten Menschen mit dem Versprechen: *«Ihr werdet wie Gott und erkennt Gut und Böse» (Gen 3,5).* Machtvoll wie Gott zu sein, ja selbst Gott (oder zumindest göttlich) zu sein und selbst zu entscheiden, was sie als «Gut und Böse» betrachten wollen – dieser verlogenen Verlockung erlagen die ersten Menschen. Sie wollten selbst Macht und Wissen haben, anstatt sich vertrauensvoll vom allwissenden Gott an der Hand und in die Zukunft führen zu lassen. Damit ent-

---

[23] Vgl. dazu Lev 20,6.27; Dtn 18,10–12; Jes 2,6; 47,12–14a und Apg 16,18–24. Bei den grundsätzlichen Gedanken, warum das Nordreich Israel erobert wurde (2 Kön 17,7–23) wird in Vers 17 ausdrücklich Zauberei und Wahrsagerei als Grund genannt. «Sämtliche Formen der Wahrsagerei sind zu verwerfen: Indienstnahme von Satan und Dämonen, Totenbeschwörung oder andere Handlungen, von denen man zu Unrecht annimmt, sie könnten die Zukunft «entschleiern». Hinter Horoskopen, Astrologie, Handlesen, Deuten von Vorzeichen und Orakeln, Hellseherei und dem Befragen eines Mediums verbirgt sich der Wille zur Macht über die Zeit, die Geschichte und letztlich über die Menschen sowie der Wunsch, sich die geheimen Mächte geneigt zu machen. Dies widerspricht der mit liebender Ehrfurcht erfüllten Hochachtung, die wir allein Gott schulden. (KKK 2116).
Sämtliche Praktiken der Magie und Zauberei, mit denen man sich geheime Mächte untertan machen will, um sie in seinen Dienst zu stellen und um eine übernatürliche Macht über andere zu gewinnen sei es auch, um ihnen Gesundheit zu verschaffen –, verstoßen schwer gegen die Tugend der Gottesverehrung. Solche Handlungen sind erst recht zu verurteilen, wenn sie von der Absicht begleitet sind, anderen zu schaden, oder wenn sie versuchen, Dämonen in Anspruch zu nehmen. Auch das Tragen von Amuletten ist verwerflich. Spiritismus ist oft mit Wahrsagerei oder Magie verbunden. Darum warnt die Kirche die Gläubigen davor. Die Anwendung so genannter natürlicher Heilkräfte rechtfertigt weder die Anrufung böser Mächte, noch die Ausbeutung der Gutgläubigkeit anderer» (KKK 2117).

schieden sie sich gegen das Vertrauen in Gott und sonderten sich von Ihm ab.

Heute zeigt sich die Versuchung ähnlich: In vielen Bereichen der Esoterik spricht man davon, dass der Mensch «Gott» sei, dass er göttliche Kraft in sich trage und diese nur durch bestimmte Methoden erweckt werden müsse.

5. Die Bedeutung der geistlichen Einstellung

Diese Gedanken zeigen, wie bedeutsam unsere eigene geistliche Einstellung ist. Denn letztlich entscheiden wir, wie wir unser Leben gestalten. Wir entscheiden, ob wir nach Gottes Heilsordnung leben wollen. Wir entscheiden, ob wir Gottes Wege gehen wollen oder nicht. Diese unsere Haltung wollen wir anhand des Ersten und grundlegenden Gebotes bedenken.

5.1. Das erste Gebot

Gottes gute Ordnung hängt wie ein Bild an einem Nagel am ersten der Zehn Gebote, welches die Grundlage für alle weiteren Gebote ist: *«Ich bin Jahwe, dein Gott, der dich aus Ägypten geführt hat, aus dem Sklavenhaus. Du sollst neben mir keine anderen Götter haben. Du sollst dir kein Gottesbildnis machen, das irgendetwas darstellt am Himmel droben, auf der Erde unten oder im Wasser unter der Erde. Du sollst dich nicht vor anderen Göttern niederwerfen und dich nicht verpflichten, ihnen zu dienen. Denn ich, der Herr, dein Gott, bin ein eifersüchtiger Gott: Bei denen, die mir Feind sind, verfolge ich die Schuld der Väter an den Söhnen und an der dritten und vierten Generation; bei denen, die mich lieben und auf meine Gebote achten, erweise ich Tausenden meine Huld» (Dtn 5,6–10).*

Bei diesem Gebot geht es um die zentrale Frage: Wer ist unser Gott? Israel war ursprünglich ein Nomadenvolk. Zur Zeit des Mose hatte jedes Volk seinen eigenen Gott, gleichsam als «Patron» und Schutzherrn. Deshalb war für Israel klar: Auch wenn es verschiedene Götter geben sollte, unser Gott ist Jahwe. Er ist der beste und stärkste.

Als die Israeliten im Land Kanaan sesshaft geworden sind, wurden aus Nomaden Bauern. Sie begannen sich zu fragen, ob ihr

Nomadengott Jahwe auch für die Landwirtschaft zuständig sei? Denn die vorher ansässige Bevölkerung und die umliegenden Völker, welche Landwirtschaft betrieben, verehrten zahlreiche andere Götter.

Jede dieser Gottheiten hatte damals ihre je eigenen Zuständigkeits- und Machtbereiche. So standen überall Tempel, Altäre, Figuren und Statuen von Göttern. Viele Israeliten dachten: Warum sollen wir nicht auch diese Götter anrufen? Vielleicht helfen sie auch uns? Vielleicht hat Baal, der Naturgott der Kanaanvölker, mehr Macht im Bereich der Landwirtschaft als Jahwe? Vielleicht bringt Astarte, die Fruchtbarkeitsgöttin, auch uns in diesem Land reichen Kindersegen?

Die grundlegende Frage war: Ist unser Gott Jahwe für alle Lebensbereiche zuständig oder gibt es Bereiche, wo andere mehr vermögen als Er?

Eine Vertrauensfrage

Diese Grundfrage durchzieht die ganze Geschichte des Volkes Gottes bis heute und betrifft den innersten Kern auch der Frage nach der wahren Heilung. Im Tiefsten geht es um eine Herzens- und Vertrauensfrage. Denn in diesem Gebot sagt Gott: «Ich habe dich erwählt. Ich will, dass dein Herz ungeteilt mir gehört. Du sollst keine anderen Götter neben mir haben. Denn ich, dein Schöpfer und Befreier, bin zuständig für alle Bereiche deines Leben.» Ich *«bin ein eifersüchtiger Gott»* und kein beliebiger, gleichgültiger Gott, dem alles egal ist. Eifersüchtig ist Gott, weil Er mit «Eifer» das Heil und Glück des Menschen «sucht».

Dieses Erste Gebot sagt, dass wir in allem Gott und Seinen Weisungen vertrauen sollen. Nur Gott ist Gott. Nur Er ist der Schöpfer und Retter. Keine Macht und Kraft ist Ihm auch nur annähernd ebenbürtig oder gleichwertig. Weil nur Er Gott ist, hat alles von Ihm Geschaffene auch den Platz, den Er nach Seiner weisen Ordnung festgelegt hat. Wo wir Ihm in allem vertrauen und Seiner heiligen Ordnung folgen, finden wir aus der Zwiespältigkeit heraus und in die Fülle des Lebens.

Wenn wir nur teilweise, mit inneren Vorbehalten und Zweifeln Seiner Liebe vertrauen, entsteht in uns ein Zwiespalt. Mit einem Teil des Herzens vertrauen wir Gott und zugleich lassen wir uns auf fremde Mächte ein, die vorgeben, mehr zu wissen oder mehr zu können. In verschiedensten Praktiken wie Magie, Aberglaube oder Zauberei etc., entfernen wir uns von unserem Gott. Wir lassen uns, zumindest ein Stück weit, von Misstrauen Ihm gegenüber leiten, indem wir durch unser Tun bezeugen, dass in diesen Bereichen andere neben Ihm, mehr können oder «zuständiger» sind als Er.

Wenn wir das Alte und das Neue Testament betrachten, steht dieses Erste Gebot immer an zentralster Stelle. Auf kein Gebot reagiert Gott so vehement, weil sich hier entscheidet, aus welcher Quelle die Menschen ihren Lebensdurst stillen. Er möchte, dass wir von Ihm lebendiges, frisches Lebenswasser trinken und nicht beschmutztes, verseuchtes Wasser, das schädigende Folgewirkungen hat. Mit Seinem Gebot möchte Gott uns nicht etwas Gutes vorenthalten, sondern die Fülle des Guten schenken und uns vor Schaden bewahren.

Die Entscheidung, wem wir vertrauen, hat Folgen. Wir Menschen sind in einen Schicksalszusammenhang verwoben. Gutes und schlechtes Verhalten haben Wirkungen auf uns und unsere Mitmenschen, sogar über Generationen hinweg. Während die Folgen für die Schuld der Vorfahren Auswirkungen auf vier Generationen[24] haben, verspricht Gott Seinen Segen unbegrenzt. Denn: *«bei denen, die mich lieben und auf meine Gebote achten, erweise ich Tausenden meine Huld» (Dtn 5,10).*

5.2. Die Versuchung zur Selbst-Mächtigkeit

Gott zu vertrauen und Seine Heilsordnung anzunehmen oder (losgelöst von Gott) nach eigenem Gutdünken zu leben - das ist die bleibende Grundentscheidung des Menschen. Dahinter steht die Frage: Wem vertraue ich?

Dieser Frage musste sich auch Jesus stellen. Er wurde vom Teufel in Versuchung geführt, eigenmächtig (und damit losgelöst von

---

[24] Vgl. Das Erste Gebot der Zehn Gebote: *«Ich bin Jahwe, dein Gott, der dich aus Ägypten geführt hat, aus dem Sklavenhaus. Du sollst neben mir keine anderen Götter haben. Du sollst dir kein Gottesbildnis machen, das irgendetwas darstellt am Himmel droben, auf der Erde unten oder im Wasser unter der Erde. Du sollst dich nicht vor anderen Göttern niederwerfen und dich nicht verpflichten, ihnen zu dienen. Denn ich, der Herr, dein Gott, bin ein eifersüchtiger Gott: Bei denen, die mir Feind sind, verfolge ich die Schuld der Väter an den Söhnen und an der dritten und vierten Generation; bei denen, die mich lieben und auf meine Gebote achten, erweise ich Tausenden meine Huld» (Dtn 5,6–10).*

Gott) zu leben und zu wirken. Was der Teufel Ihm dabei versprach und wozu er Ihn verführen wollte, zeigen die drei Versuchungen Jesu.

Erstens: *«Wenn du Gottes Sohn bist, so befiehl, dass aus diesen Steinen Brot wird» (Mt 4,3)*. Das heisst: Warte nicht, bis der himmlische Vater dir das Brot gibt. Nimm es dir doch selbst. Denn du hast ja die Möglichkeit, die Macht dazu. Löse dich aus dem Von-Gott-Empfangen und dem Gehorsam.

Doch Jesus blieb Gott gehorsam und sagte: *«In der Schrift heisst es: Der Mensch lebt nicht nur von Brot, sondern von jedem Wort, das aus Gottes Mund kommt» (Mt 4,4).* Wir können uns fragen: Nähre ich mich von Gottes Wort, von der Heiligen Schrift und von der Lehre der Kirche?

Zweitens: *«Darauf nahm ihn der Teufel mit sich in die Heilige Stadt, stellte ihn oben auf den Tempel und sagte zu ihm: Wenn du Gottes Sohn bist, so stürz dich hinab, denn es heißt in der Schrift: Seinen Engeln befiehlt er, dich auf ihren Händen zu tragen, damit dein Fuß nicht an einen Stein stößt» (Mt 4,5–6).* Das heisst: Geh den bequemen Weg, mache es dir möglichst einfach und zeige, was du kannst. Verschaffe dir durch dein Auftreten und Können selbst Bestätigung, Applaus und die Anerkennung der Menschen.

Auch hier blieb Jesus verankert in Gott, der für Ihn absolut und souverän ist: *«In der Schrift heißt es auch: Du sollst den Herrn, deinen Gott, nicht auf die Probe stellen» (Mt 4,7).* Wir können uns fragen: Suche ich die Bewunderung der Menschen? Spiele ich manchmal mit dem Feuer? Suche ich mit meinen Talenten und Gaben den Applaus von Menschen oder will ich damit dienen?

Bereits zum zweiten Mal sagte der Teufel zu Jesus: *«Wenn du Gottes Sohn bist …»*. Schaue ich auf Gottes Liebe zu mir und öffne ich mich Seinen Bestätigungen und Seiner Zusage Sein Kind, Seine Tochter / Sein Sohn zu sein, über alles von Ihm geliebt zu sein?

Drittens: *«Der Teufel zeigte ihm alle Reiche der Welt mit ihrer Pracht und sagte zu ihm: Das alles will ich dir geben, wenn du dich vor mir niederwirfst und mich anbetest» (Mt 4,8b–9).* Das bedeutet: Empfange Reichtum und Macht[25] von mir. Dann wirst du in dieser Welt «gross» dastehen. Du wirst reich werden.

---

[25] Magie ist immer auch eine Form von Machtausübung.

Doch Jesus liess sich nicht beirren und sagte klar und unmissverständlich: *«Weg mit dir, Satan! Denn in der Schrift steht: Vor dem Herrn, deinem Gott, sollst du dich niederwerfen und ihm allein dienen» (Mt 4,10).* Wir können uns fragen: Träume ich von Reichtum? Suche ich meinen eigenen Einfluss zu vergrössern? Strebe ich nach Macht über Menschen und Situationen? Diene ich Gott in Seiner Heiligkeit oder öffne ich mich dem Wirken des Versuchers?

Trotz aller Versuchung liess sich Jesus nicht dazu verleiten, auf eigene «Faust» etwas zu tun. Vielmehr wuchs Er tiefer in die Abhängigkeit und Verbundenheit mit Seinem Vater hinein. Er stellte sich klar auf dessen Seite und strebte nur nach dem Einen: Gottes Willen ganz zu erfüllen, dem Reich und dem Wirken Seines Vaters zu dienen. Dies in der unumstösslichen Gewissheit, dass Sein Wille für Ihn und alle Geschöpfe immer das absolut Beste und Heilbringendste ist.

2. Teil: Wie Gott heute heilt

Ein geflügeltes Wort heisst: «Ein Gesunder hat viele Wünsche, ein Kranker nur einen.» Tatsächlich ist es so: Durch Krankheit wird ein Mensch herausgerissen aus seinem gewohnten Leben, oft auch aus seinem Beruf und aus der Gesellschaft.

Die Erfahrungen des Leistungsschwundes, der Isolierung, der Angst, verbunden mit Schmerzen körperlicher und seelischer Art, können tiefe Niedergeschlagenheit, Ausweglosigkeit, Krisen, ja sogar Verzweiflung auslösen. Die Krankheit trifft den Menschen in seiner ganzen Existenz. In der Krankheit erfahren wir alle, wie wenig wir das Leben in unserer Hand haben, wie ohnmächtig wir im Grunde sind.

Krankheiten führen den Menschen oft in eine Lebenskrise. Den Krisen und deren Folgen muss der Mensch sich stellen und dabei oft wichtige Entscheidungen treffen. Die wichtigste Grundsatzfrage in der Krise lautet: Öffne ich mich darin Gott und Seinem Heilsweg oder verschliesse ich mich?

Krankheiten können zur Auflehnung gegen Gott führen oder sie können den Menschen (in einem Wegprozess) auch reifer machen. So können Leid, Krankheiten und Lebenskrisen zum Segen oder Fluch werden. Gerade in solch schwierigen und oft ausweglos erscheinenden Situationen will uns Gott beistehen, damit daraus mehr Segen wird. Wie Gott uns Heilung und Hilfe schenken will, dem wenden wir uns nun zu.

1. Wem vertraue ich?

Ob Jesus uns beistehen und Heil schenken kann, hängt von uns, genauer von unserer Glaubenshaltung ab. Jesus folgten einst zwei Blinde und schrieen: *«Hab Erbarmen mit uns, Sohn Davids!»* Darauf fragte Er sie: *«Glaubt ihr, dass ich euch helfen kann?» (Mt 9,27–28).*

Das ist die entscheidende Frage auch heute: Wer ist für Krankheiten zuständig? Glauben wir, dass Jesus uns helfen kann und will?

Dabei ist nicht die Tiefe unseres Glaubens entscheidend. Jesus hat Menschen geheilt, deren Glaube schwach war. Der Vater des besessenen Kindes schien nicht sehr viel Glauben gehabt zu haben, als er zu Jesus kam und Ihn anflehte: «*Wenn du kannst, hilf uns; hab Mitleid mit uns! Jesus sagte zu ihm: Wenn du kannst? Alles kann, wer glaubt. Da rief der Vater des Jungen: Ich glaube; hilf meinem Unglauben!*» *(Mk 9,22–25).* Wichtig ist, an wen wir uns wenden, zu wem wir gehen: zu Jesus!

Umfassendes Heil

Jesus ist gekommen, um dem Menschen Gottes Heil zu bringen. Deshalb zog Jesus «*in ganz Galiläa umher, lehrte in den Synagogen, verkündete das Evangelium vom Reich und heilte im Volk alle Krankheiten und Leiden*» *(Mt 4,23).* Die Krankheiten, die Jesus heilte, hatten etwas Beziehungsstörendes in sich. So waren zum Beispiel Menschen mit Aussatz, Blinde, Taube, Lahme, Frauen mit Blutfluss, usw. aus der menschlichen und aus der religiösen Gemeinschaft ausgeschlossen. Heilung bedeutet hier die Wiedereingliederung in die Gemeinschaft mit den Mitmenschen und mit Gott. Aber auch die Beziehung zu sich selbst, die Versöhnung mit dem eigenen Leben.

Der Blick auf das Heilen Jesu zeigt, dass Heilung und Gesundheit den ganzen Menschen umfassen. Kein Bereich des menschlichen Lebens ist vom Erbarmen Gottes, von Seiner erlösenden Zuwendung ausgenommen. So ist die Heilung körperlicher Nöte auch heute noch ein wichtiger Aspekt des heilenden Handelns Jesu!

Jesus wirkt heute!

Doch – wo ist Jesus heute? «*Was sucht ihr den Lebendigen bei den Toten?*» *(Lk 24,5),* hat der Engel am Grab gesagt, als die Frauen im Grab den Leichnam Jesu suchten. Damit sagte er ihnen: Ihr sucht am falschen Ort! Ihr habt Jesus sterben sehen und habt Ihn hier begraben. Jetzt meint ihr, Er sei hier im Grab. Doch es gibt keinen toten Jesus. Jesus lebt! «*Was sucht ihr den Lebendigen bei den Toten?*» Ihr müsst euch auf den Lebendigen einstellen.

Dies greift der Hebräerbrief auf: «*Jesus Christus ist derselbe, gestern, heute und in Ewigkeit*» *(Hebr 13,8).* Darum gilt auch heute, was Jesus damals zu den Juden sagte: «*Mein Vater ist noch immer am Werk, und auch ich bin am Werk*» *(Joh 5,17).* Das heisst: Jesus ist jetzt mit dem Vater am Wirken und will heute heilen!

Uns ganz Ihm anvertrauen

Die Frage, die sich uns stellt, lautet: Wie viel Macht hat Jesus heute? Es ist die Frage, was wir Jesus zutrauen. Dabei geht es um einen «speziellen Glauben»: *«Wenn euer Glaube auch nur so gross ist wie ein Senfkorn, …» (Mt 17,2),* antwortete Jesus, als Seine Jünger Ihn um die Stärkung ihres Glaubens baten.

Das Senfkorn ist eines der kleinsten Samenkörner, enthält jedoch ein ungeheuer grosses Wachstumspotential. In einem Senfkornglauben vertrauen wir den unbegrenzten Möglichkeiten Gottes, wie H.-J. Eckstein betont: «Wenn es nicht auf einen grossen Glauben ankommt, sondern auf den Glauben an die Grösse Gottes, kann es für die Gläubigen eigentlich auch nicht darum gehen, dass ihr Glaube stärker wird, sondern nur darum, dass sie zunehmend die Stärke ihres Gottes erkennen – und gerade darin liegt die Kraft des Glaubens.»

Im «Senfkornglauben» ist uns klar, dass Jesus Christus für alle Bereiche unseres Lebens zuständig ist. Denn Er allein kennt uns und alle Ursachen unseres Krankseins. Und Er allein weiss, was der «himmlischen Gesundheit» dient, wie und zu welcher Zeit. Deshalb vertrauen wir Seinem Timing und Seiner Führung in all unseren Krankheiten, Problemen und Leiden. Wir vertrauen uns ganz Seinem Heilungsweg an. Denn: «Wenige Menschen ahnen, was Gott aus ihnen machen würde, wenn sie sich seiner Führung rückhaltlos übergeben würden» (Ignatius von Loyola).

2. Dimensionen der Heilung

Wenn es nun darum ginge, die Menschen aufzuteilen in Gesunde und Kranke, bekämen wir bereits ein Problem: Wer kann sich als gesund bezeichnen? Ein Freund meinte kürzlich mit einem Augenzwinkern: «Wer meint, er sei gesund, hat sich nur zu wenig untersuchen lassen!» Hat nicht jeder irgendwelche Störungen oder Schwachstellen? Und dann gibt es Menschen, die körperlich kräftig und gesund, zugleich aber bitter, böse und egoistisch sind. Andere sind vielleicht körperlich leidend oder angeschlagen und strahlen dennoch Frieden, Liebe und inneres Glück aus. Der Körper kann scheinbar gesund sein und das Innere krank oder umgekehrt.

So gibt es verschiedene Arten und Formen von Krankheiten. Dementsprechend gibt es verschiedene Aspekte und Bereiche, wie

Jesus Christus heute heilen möchte. Eine Möglichkeit der Differenzierung kann so aussehen:

Körperliche Heilung

Jesus hat Blinde, Taube, Stumme, von Dämonen Gebundene, Aussätzige, Lahme, Menschen mit verdorrter Hand, Tote und viele andere mehr in ihrem Körper geheilt. Zweifellos kann Jesus als der Auferstandene auch heute noch körperliche Heilung schenken und Er tut es auch.

Es gibt unzählige Zeugnisse, wie Jesus heute vollständige körperliche Heilung geschenkt hat. Und noch mehr Erfahrungen, wie Er zur Heilung des Körpers beigetragen hat. Deshalb dürfen wir immer auch um körperliche Heilung bitten, auch wenn diese Heilung nicht die wichtigste ist.

Innere Heilung

Hier geht es um Wunden, Verletzungen, Nöte und Defizite unserer Lebensgeschichte. Die körperlichen Heilungen, von denen die Bibel berichtet, können auch im übertragenen Sinn *Zeichen* für das sein, was Jesus *heute in uns* heil machen möchte. Das könnte zum Beispiel heissen: Das Lahme, Kraftlose, Resignierte will Er mit neuer Energie füllen. Das Niedergedrückte, Ängstliche, Verschüchterte will Er aufrichten und freisetzen.

Das Aussätzige, die Bereiche, wo wir uns selber ablehnen und nicht mögen, will Er heilen, versöhnen und integrieren. Gestorbene, tote Lebensbereiche will Er zu neuem Leben erwecken.

Wo wir hin- und her gezerrt werden, wo wir umhergetrieben werden von Ängsten, von Trieben, depressiven Stimmungen und Gefühlen, da will Er uns frei machen. Frei, uns selber zu sein. Frei, Eigenverantwortung zu übernehmen.

Wo wir taub sind für das, was innerlich in unserer Tiefe und in anderen vorgeht, lehrt Er uns, richtig zu hören und feinfühlig wahrzunehmen.

Wo wir stumm, in uns eingeschlossen sind, da wo wir ängstlich sind und nichts zu sagen wagen, da will Er uns Herz und Mund öffnen. Wo wir gehemmt sind, innerlich blockiert, will Er uns lösen und offen machen.

Wo wir blind sind für die Situation unsrer Mitmenschen, blind für den wahren Sinn des Lebens, blind für unsere innere Wirklichkeit, blind für die Schönheiten des Lebens und der Welt, da will Er uns sehend machen. Die tiefste Form sehend zu werden, ist das Licht des Glaubens zu empfangen; Jesus als Erlöser zu erkennen und Ihm zu vertrauen.

All das führt dazu, dass tiefe Beziehungen wachsen können. Jesus will auch heute noch mehr auf der seelischen als auf der körperlichen Ebene heilen, weil die innere Heilung uns mehr Frieden bringt. Denn was nützt es einen gesunden Körper zu haben, innerlich aber unzufrieden, verbittert oder verhärtet zu sein?

Geistliche Heilung

Das grosse Anliegen Jesu ist aus uns neue Geschöpfe, heile Menschen zu machen und uns so heimzuführen in die Liebe Seines Vaters, ins Reich Gottes. Das geschieht in der tiefsten Heilung: die Heilung der Beziehung zu Gott. Gott heilt von jeder Form der Absonderung von Ihm (Sünde), von Misstrauen, Aberglauben, geistiger Blindheit, stolzem Intellektualismus, Anmassung, usw. Hier geht es um unsere Heiligkeit, um die Integrität unserer Person, um unser «Abbild-Gottes-Sein». Es geht um unser Wachsen in der Liebe, denn *«Gott ist die Liebe» (1 Joh 4,8)*.

Heute wissen wir, dass bis zu 80% der körperlichen Krankheiten psychisch mitbedingt sind. Das weist darauf hin, dass alle drei Ebenen miteinander verbunden sind und gegenseitige Auswirkungen haben. Und doch ist die wichtigste Ebene die Geistliche, die Heilung der Beziehung zu Gott und das Wachsen in der Liebe. Denn alle körperliche und auch die innere Heilung sind vorübergehend. Nur die geistliche Heilung bleibt für immer bestehen: unsere Heiligkeit.

Gelähmt – was nun?

Der Arzt und Diakon Philippe Madre erlebte 1988 in Lourdes Folgendes: Vor einer grossen Schar von Menschen, Gesunden und Kranken – 200 davon waren Gelähmte im Rollstuhl – begann er zusammen mit anderen für die Kranken zu beten. Nach 15 Minuten Gebet stand auf einmal Josef, ein etwa 50-jähriger Gelähmter, auf und begann ganz langsam und unsicher zu gehen. Er hatte eine schlimme Rückenmarkserkrankung und war von der Brust an abwärts ganz gelähmt. Seit neun Jahren konnte er nicht mehr gehen. Seine Muskeln waren schwach. So half ihm ein Bruder beim Gehen. Später tanzte er vor Freude.

Philippe Madre erzählte, wie ihn danach die Frage beschäftigt hatte: Was war mit den andern 199 in den Rollstühlen, die nicht geheilt wurden? Zwei Monate später besuchte ihn einer von diesen im Rollstuhl verbliebenen. Er kam zusammen mit seiner Frau und seiner Tochter und erzählte: «Ich war gerade neben Josef, der geheilt wurde. Als ich sah, wie Josef aufstand, war ich nicht eifersüchtig. Ich war erfüllt von einer tiefen Freude in meinem Herzen. Ich wusste nicht warum. Ich war damals in einer sehr schmerzlichen Situation. Meine Frau sagte bei unserer Ankunft in Lourdes, dass sie sich wegen meiner Krankheit von mir scheiden lassen wolle. Ich hatte fünf Kinder, die sich gegenseitig hassten und beschuldigten. Kurz, ich lebte in einer totalen Katastrophe.

Diese tiefe Freude, die ich beim Aufstehen von Josef empfand, blieb während meines ganzen Aufenthaltes in Lourdes. Am Ende sagte meine Frau zu mir: «Ich fühle mich von neuem gestärkt, so dass ich bei dir bleiben kann.» Bei der Rückkehr kamen alle fünf Kinder zu mir. Sie baten mich um Vergebung, weil sie mich wegen meiner Krankheit als lebensunwürdig betrachteten. Und sie versöhnten sich auch gegenseitig. Welche Freude für mich und meine ganze Familie!»

Er schloss: «Ich weiss, dass ich bald sterben werde. Das macht mir keine Angst mehr, denn Gott hat mich mit Freude erfüllt.» Einige Wochen später starb dieser Mann an seiner Krankheit in einer Atmosphäre grossen Friedens und innerer Freude.

3. Drei exemplarische Heilungen

Die Heilungen, die uns in der Bibel überliefert sind, wollen nicht nur den Blick auf die historische Person Jesus von Nazaret lenken, sondern vielmehr auf den Auferstandenen. Sie wollen zeigen, wie Jesus heute heilen und Sein Erbarmen offenbaren will. Doch Gott heilt nicht automatisch. Wir sind eingeladen, Sein Wirken aktiv zu unterstützen und uns vertrauensvoll Seinem Weg zu öffnen, wie die drei folgenden Beispiele zeigen.

3.1. Willst du gesund werden? (Joh 5,1–18)

Die erste exemplarische Heilung entnehmen wir dem Johannes-Evangelium. Johannes nennt die Wunder Jesu «Zeichen». Er will damit nicht das «Mirakulöse» betonen, sondern den Blick aufs Wesentliche lenken. Zeichen sind wie Fenster, durch die Licht aus einer anderen Wirklichkeit zu uns dringt. Diese andere Wirklichkeit, die verborgen bereits da ist und erlebbar in unser Leben hereinbrechen will, nennt Jesus «Reich Gottes».

Von den sieben Zeichen im Johannes-Evangelium – sieben ist die Zahl der Fülle – ist die Heilung des Gelähmten das dritte. König Herodes, der Jerusalem mit seinen mächtigen Bauten umgestaltete, machte aus dem ursprünglichen Schafteich eine grosszügige Anlage, eine Art Klinik, ein Krankenhaus. Betesda, «Haus der Barmherzigkeit», wurde es genannt. Dort sah Jesus einen Mann, *«der schon achtunddreissig Jahre krank war»*. Achtunddreissig Jahre – das zeigt die hoffnungslose Situation dieses Menschen. Und vermutlich wird sich der Mann schon längst an seine Krankheit gewöhnt haben. Sie «gehört» zu ihm.

Die Frage

Nun schaut Jesus den Gelähmten an und fragt: *«Willst du* (jetzt, nach achtunddreissig Jahren noch) *gesund werden?» «Willst du ...?»*: Diese Frage scheint überflüssig zu sein und wirkt befremdend. Natürlich will der Kranke gesund werden! Dennoch fragt ihn Jesus. Warum?

Gerade wenn man sich an ein Verhalten oder einen Zustand gewöhnt hat, braucht die Veränderung in der Regel eine Anstrengung. Und - Kranksein kann Vorteile bringen. Ein kranker Mensch muss sich nicht im Kampf des Alltags bewähren und Verantwortung übernehmen. Er erhält oft mehr Zuwendung als die Gesunden. Doch wer an den Vorteilen des Krankseins festhält, kann nicht gesund werden. Darum die Frage Jesu: *«Willst du»* auf die Vorteile des Krankseins verzichten? Jesus spricht bewusst den Willen an. Dieser kann gespalten sein. Tief in uns gibt es Antriebe, die unterschiedliche Ziele verfolgen und unterschiedlichen Motiven entspringen. Solche Zwiespältigkeit blockiert die Heilung. Nur wer wirklich will – und deshalb auch auf alle Vorteile des Krankseins verzichtet - kann gesund werden.

«Gesund ...»: Jesus kam nicht, um einzelne organische Krankheiten zu heilen, sondern um den ganzen Menschen zu heilen. Jesus will also nicht nur Teile unseres Körpers, unseres Charakters oder unserer Gefühlswelt reparieren, sondern Leben in Fülle bringen.

Leben in Fülle bedeutet, liebesfähig zu sein. Gesund heisst also nicht in erster Linie schmerzfrei und wieder wie früher, funktionstüchtig zu sein. Gesundsein heisst vielmehr, lieben zu können. Echte Gesundung des Menschen beinhaltet deshalb die Loslösung von schädlichen Gewohnheiten und Verhaltensweisen, welche die Liebesfähigkeit blockieren. Sie befreit den Menschen vom dauernden «Um-sich-selbst-Kreisen», um die eigenen Sorgen und Schmerzen und von seinen egoistischen Plänen.

«Gesund-Werden» meint hier ein aktives Tun. Viele Menschen erwarten, dass der Arzt oder auch Jesus sie gesund mache. Die anderen müssen aktiv sein und sie verhalten sich selbst mehr oder weniger passiv. Meist schlucken sie vielleicht noch einige Medikamente. *«Werden»* meint, einen Weg gehen, einen Prozess durchlaufen. Es geht nicht um Momentheilung, vielmehr geht es darum, sich auf einen Weg einzulassen, der Zeit, eigene Anstrengung und Geduld braucht.

Die Zusage Jesu

Der Gelähmte gibt Jesus zur Antwort: *«Ich habe keinen Menschen»*. Dies zeigt: Der Mann ist einsam. Er erwartet Hilfe von anderen. Doch nicht Anklage oder Selbstmitleid, wie: *«Ich habe keinen Menschen»*, helfen weiter, sondern der Blick und das Vertrauen auf die Kraft Gottes.

Und so ist Jesus jetzt bei ihm. Auf Sein Wort hin kann Heilung geschehen. So macht Jesus dem Kranken bewusst, dass Wandlung und Heilung möglich ist und sagt: *«Steh auf, nimm deine Bahre und geh!»*

«Steh auf», wenn du jetzt der Kraft meines Wortes glaubst, wirst du befähigt, aufzustehen. Du kannst deine Situation verändern. *«Nimm deine Bahre»*, du hast die Kraft, zu tragen. Du kannst Verantwortung übernehmen.

«Geh!», verlass diesen Ort, verlass dein Kranksein. Gestalte dein Leben. Werde ein Mensch, der auf seinen eigenen Füssen steht! Nimm dein Bett, in dem du es dir gerne bequem machen möchtest und geh! Du bist nicht fürs Herumliegen und für das «Sich-Anpassen» geschaffen. Geh, übernimm ganz neu Verantwortung für dein Leben!

Der Gelähmte hört dieses Wort. Er schaut Jesus an und spürt, dass Jesus ihm vertraut. So beginnt er, Ihm und Seinem Wort zu trauen.

Da spürt er neue Kräfte in sich, steht auf, nimmt seine Bahre und verlässt Betesda.

Die Opferrolle verlassen

Die Wunder Jesu sind Zeichen. Sie zeigen, wie Jesus in ein befreites Leben führen will. Befreites Leben beinhaltet ein gesundes Mass an Selbstbestimmung und Würde. Das Gegenteil von Selbstbestimmung ist Fremdbestimmung. Ich werde gelebt. Schwierige Erziehung, Belastungen der Lebensgeschichte, Wirtschaftsstrukturen und -normen, gesellschaftliche Gepflogenheiten sowie religiöse Regeln können Menschen hindern, ihr eigenes Leben zu leben. Dann fühlt sich der Mensch als Opfer, als Opfer seiner Erziehung, als Opfer der eigenen Lebensgeschichte, als Opfer der kirchlichen Strukturen, als Opfer der Gesellschaft, als Opfer des momentanen Zeitgeistes, usw. Zur Heilung gehört in der Regel auch, dass wir uns von negativen Gedanken und Gewohnheiten trennen müssen.

In den Heilungen lädt Jesus ein, alle Formen der Opferrolle zu verlassen und in Würde und Selbstverantwortung das eigene Leben zu gestalten. Denn der Mensch ist nicht Magd oder Knecht, sondern Gottes Kind und berufen, in der Freiheit und Würde der Kinder Gottes zu leben!

3.2. «Stell dich in die Mitte» (Mk 3,1–6)

Diese Würde und Freiheit der Kinder Gottes kann durch vieles beschädigt und verletzt sein. Dazu betrachten wir ein zweites Beispiel, wie und was Jesus heute heilen will.

Die Atmosphäre prägt uns

«Als er ein andermal in eine Synagoge ging, saß dort ein Mann, dessen Hand verdorrt war. Und sie gaben Acht, ob Jesus ihn am Sabbat heilen werde; sie suchten nämlich einen Grund zur Anklage gegen ihn.» Alles andere als entspannt ist die Atmosphäre in der Synagoge. Kein Wohlwollen und kein Vorschussvertrauen wird Jesus entgegengebracht – im Gegenteil! Die Pharisäer (und Anhänger des Herodes) lehnen Jesus ab. Mehr noch: Sie wollen Ihn umbringen und suchen nach einer Möglichkeit, um Ihn anzuklagen.

In der Synagoge sitzt ein Mann mit einer verdorrten Hand. Er wird zum sichtbaren Zeichen dafür, dass in einer solchen argwöhnischen vorwurfsvollen Atmosphäre Leben verkümmert und erstickt wird. Seine Hand, mit der ein gesunder Mensch zupackt und handelt ist verdorrt – ein Bild für verlorene Antriebskraft. Wie konnte es dazu kommen? Wie kann ähnliches bei uns eintreten?

Es gehört zu einer gesunden Entwicklung unseres Menschseins, dass Gottes Ja zu unserem Körper, unserer Psyche mit allen Gefühlsregungen und unserem geistlichen Sein, durch Menschen vermittelt wird. Wird unser körperliches, psychisches und geistliches Sein von den Eltern willkommen geheissen und ausdrücklich bejaht, dann bedeutet dies für ein Kind, dass dies sein darf und gut ist. Diese Annahme legt den Boden für ein gesundes Wachstum.

Werden nun aber Bereiche unseres Menschseins, zum Beispiel bestimmte Gefühle (ich darf doch nicht zornig sein, hassen, ...), die Sexualität, usw. nicht willkommen geheissen, dann bedeutet dies für das Kind, dass dies schlecht ist und folglich nicht sein sollte. Und wenn solche Bereiche sich melden, kann dies Beschämung auslösen. Diese führt dazu, dass wir solche Gefühlsregungen verstecken oder unterdrücken. Das verhindert nun gerade, dass diese Bereiche sich in gesunder Weise entfalten und heil werden können. Dann verdorrt etwas in uns. Wir verlieren Kraft und werden ein Stück weit handlungsunfähig.

Ähnliches kann geschehen, wenn Zuhause eine Art von Perfektionsdruck da war. Alles musste sofort verstanden und richtig gemacht werden. Wenn nicht, erntete man Kritik und Ablehnung. In einer solchen Atmosphäre durfte man ja nichts falsch machen. Fehler durften nicht sein. Und wenn sie dennoch eintrafen, konnte man nicht dazu stehen. Man gab anderen die Schuld, verdrängte oder unterdrückte sie. Damit «verdorrte» die Lebenskraft in uns.

Die Atmosphäre im Elternhaus prägt uns mehr als die Worte. Vielleicht ist es hilfreich zu fragen: Welche Atmosphäre «herrschte» Zuhause? Was für Empfindungen gingen von meiner Mutter und welche vom Vater aus? Wie habe ich darauf reagiert? Habe ich mich oder hat sich etwas in mir «zurückgezogen»?

«Stell dich in die Mitte!»

Kehren wir zum Text zurück: Trotz dieser bedrohenden Atmosphäre wird Jesus jetzt aktiv. Er kümmert sich (vorerst) nicht um das, was die anderen denken und beabsichtigen. Er handelt souverän und frei. Sein Blick gilt dem Mann mit der verdorrten Hand. Ihm wendet Er sich mit Seiner ganzen Liebe und Barmherzigkeit zu und sagt: *«Steh auf und stell dich in die Mitte!»*

Diese Aufforderung wird diesem Mann, der sich gerne im Hintergrund hielt, nicht leicht gefallen sein. Er musste sich überwinden und Neues zulassen. Denn in der *«Mitte»* stehen, im Zentrum stehen, bedeutet von allen angeschaut zu werden. Das war ihm vermutlich mehr als peinlich. Aber genau dies brauchte es für seine Heilung. Er musste lernen Wertschätzung und Liebe anzunehmen.

«Stell dich in die Mitte!» Jesus sagt damit: Du bist es Wert, von allen angeschaut zu werden. Du hast Ansehen! Du bist wichtig und bedeutsam. Öffne dich diesem wahren Wert deines Lebens. Nimm mein Ansehen und das der Menschen an. Nimm den Wert an, den Gott deinem Leben gab.

Jesus fordert den Mann auf Schritte zu tun, um seine Minderwertigkeitsgefühle heilen zu können. Heilung braucht neue Schritte. Jesus ist da, spricht zu ihm und befähigt ihn. Das ermöglicht es, dass der Mann aus Verhaltensweisen, die bisher sein Leben prägten, aussteigen kann.

Nachdem dieser Mann – trotz widerstrebenden Gefühlen – sich in die Mitte gestellt hatte, stellt Jesus den Verursachern der bedrohlichen Atmosphäre eine Frage. Denn nun möchte Jesus ihr Herz für die Not dieses Menschen gewinnen. Er möchte, dass das Leiden dieses Menschen ihr Herz berührt und auch sie aus ihren lebenszerstörenden Verhaltensweisen, die ihnen vielleicht gar nicht bewusst sind, aussteigen. So fragt Er: Ist es am Sabbat erlaubt *«Gutes zu tun»* und Menschen zu retten? Doch sie bleiben hart und lassen sich nicht auf die göttliche Bewegung der Barmherzigkeit ein.

Notwendige Abgrenzung …

Wo diese Bewegung der Barmherzigkeit – wie hier durch die Pharisäer und Anhänger des Herodes – abgelehnt wird, können Menschen nur heil werden, wenn sie sich selbst nicht mehr verletzen lassen. Dazu braucht es eine klare Abgrenzung. Diese vollzieht hier nun Jesus: *«Und er sah sie der Reihe nach an, voll Zorn und Trauer über ihr verstocktes Herz.»*

«Voll Zorn» schaut Jesus in ihre Augen. Damit grenzt Er sich ab. Er löst sich aus ihrer Abhängigkeit, von ihren Erwartungen. Der Zorn schafft eine Distanz, die Ihn frei macht von ihren bedrohlichen

Gefühlen. Thomas von Aquin sagt: «Die Zornkraft der Seele muss erhalten werden.» Im Zorn steckt – wie in allen Gefühlen – eine Energie. Dank dieser Zornesenergie widersteht Jesus voll Entschiedenheit ihrer Herzenshärte. So wird Er frei, das zu tun, was Gott jetzt möchte. Er zieht sich nicht «demütig zurück», entmutigt und resigniert. Jesus zeigt: Widerstand kann eine göttliche Tugend sein.

Nein sagen, uns nicht alles gefallen lassen, kann ein Ausdruck der Liebe zu unserem eigenen Leben sein. Um dieser Liebe willen braucht es manchmal klare (und schmerzliche) Abgrenzungen. Wir dürfen uns – um unserer Selbstliebe willen – nicht alles gefallen lassen. Denn Gott soll in allen Beziehungen regieren und nicht diktatorisches Verhalten von Menschen. Wir haben unser Leben von Gott erhalten. Darum soll Er allein in Seiner umfassenden Liebe und Zartheit das Sagen in unserem Leben haben.

Vielleicht war dieser Mann deswegen krank geworden, weil er nie Widerstand leistete und nie Nein sagte. Vielleicht konnte er auch nicht, weil er sich einer Übermacht gegenüber sah. Vielleicht wollte er auch nicht, weil er niemandem wehtun wollte. Angst vor Ablehnung kann viel Unheil bewirken. Doch jetzt ist Jesus da. Gestützt vom Ihm und getragen von Seinem Zorn kann auch er lernen, sich abzugrenzen. Und wir auch!

... und Barmherzigkeit

Die klare Abgrenzung ist nicht das Letzte. Jesus ist voll *«Trauer über ihr verstocktes Herz».* Jesus sieht, wie sehr diese Männer innerlich gefangen sind. Er ahnt die Wunden, die diesen Männern in ihrer Kindheit zugefügt wurden. Er sieht, welche Ängste und Zwänge in ihnen solche Mauern der Härte entstehen liessen. Er sieht, welche verkehrten Glaubenshaltungen sie blockierten. Er sieht, was alles geschehen ist, sodass sie heute weitgehend Gefangene ihrer selbst sind. Und so hat Er Erbarmen mit diesen armen Menschen.

Jesus weiss: Abgrenzung und Verzeihen sind zur Heilung nötig. Beides zusammen löst uns aus unheilvollen Beziehungsgeflechten heraus. Wenn dies geschehen ist, ist der Raum für die Heilung gegeben. Dann wird Neues Verhalten möglich. Dazu fordert Jesus den Mann nun auf: *«Streck deine Hand aus!»*

Genau das konnte der Mann aufgrund seiner Krankheit bisher nicht tun. Die Hand war ja verdorrt. Es war keine Kraft darin. Doch nachdem er aus der krankmachenden Situation herausgetreten war, und sich in die Mitte gestellt hatte, weil er dem Wort Jesu vertraute und diesem gehorsam war, kam Gottes Heilskraft in sein Leben. Er konnte seine Hand ausstrecken und *«sie war wieder gesund»*.

Doch Menschen, die in ihrer Egozentrik, die auch sehr fromm und tolerant aussehen kann, gefesselt sind und Angst vor der Freiheit und Lebendigkeit des Reiches Gottes haben, bekämpfen solches Gesund- und Heilwerden. Ihnen ist Jesus und Gott im Wege – auch heute!

3.3. Jesus als der barmherzige Samariter (Lk 10,30-35)

Das Gleichnis vom barmherzigen Samariter zeigt weitere Aspekte des Heilwerdens. Viele Menschen leiden heute an Erinnerungen, die sie schmerzen und blockieren. Auch da will Jesus Heilung schenken. Wie? Versuchen wir uns in die Geschichte und dabei vor allem in das Opfer hinein zu fühlen.

DerWeg der Verletzung

«Ein Mann ging von Jerusalem nach Jericho hinab und wurde von Räubern überfallen. Sie plünderten ihn aus und schlugen ihn nieder; dann gingen sie weg und liessen ihn halbtot liegen» (Lk 10,30). Eine solche Erfahrung (es handelt sich bei der Erzählung um ein Gleichnis) wirkt wie ein Schock. So brutal niedergeschlagen, ausgeplündert und total wehr- und schutzlos liegen gelassen zu werden, lässt traumatische Spuren und Ängste zurück. Die Erinnerung wird einen solchen Menschen noch lange verfolgen.

Solange diese traumatischen Spuren und Ängste nicht geheilt sind, wird es der Mann nie mehr wagen, diesen Weg zu beschreiten. Und wenn er zufällig einen Menschen sieht, der einem dieser Räuber gleicht, wird in ihm wieder die Erinnerung an den Überfall aufsteigen. Er schreit vielleicht in seiner Angst und rennt davon, obwohl die betreffende Person nichts mit dem Vorfall zu tun hatte.

Auch vielen von uns sind Menschen in ihrer Lebensgeschichte begegnet, die uns – wie Räuber – überfallen, «ausgeplündert» und «niedergeschlagen» haben. Menschen, die uns in irgendeiner Form missbraucht und – anstatt uns Liebe zu geben – uns Liebe genommen haben. Besonders prägend sind frühkindliche, ja sogar pränatale[26] (vorgeburtliche) Verletzungen.

[26] Das Kind im Mutterschoss spürt von Anfang an die Haltung der Eltern zu ihm.

«Du bist uns willkommen! Wir haben Freude an dir! Du bist uns ein Geschenk! Wir sind stolz auf dich!» Wenn Eltern diese Zuwendung und Bestätigung nicht vermitteln, stattdessen Botschaften, wie z.B. «Du stehst uns im Wege; wir hätten dich lieber nicht!», «Du solltest anders sein!», geben, dann verursacht dies eine tiefe Wunde der Ablehnung. Jede Form von Ablehnung – und dazu gehört auch das Verurteilen - ist eine «innere» Form der Ausplünderung und des Niederschlagens.

Weiter kann es auch bei uns im Verlauf des Lebens vielfältige Erfahrungen des «Liegengelassenwerdens» gegeben haben. Hilflos und alleingelassen konnten wir uns nicht wehren. Wir waren ohnmächtig und schutzlos den Menschen ausgeliefert. Daraus sind vielleicht Gefühle, wie Ohnmacht, Verzweiflung, Wut oder Resignation entstanden.

«Zufällig kam ein Priester denselben Weg herab; er sah ihn und ging weiter. Auch ein Levit kam zu der Stelle; er sah ihn und ging weiter» (Lk 10,31–32). Zwei fromme Männer sehen den wehrlosen «halbtot» daliegenden Mann. Und sie wenden sich ab von ihm. Sie lassen kein Erbarmen lebendig werden. Kein Mitgefühl solidarisiert sie mit diesem Notleidenden. Sie haben vielleicht auch keine Zeit dazu. Was löst dieses Verhalten beim Verletzten aus? Welche Gefühle gegen den Tempeldienst könnten hier im Mann geweckt werden?

Auch bei uns kann es sein, dass andere unsere Nöte sehen, aber sie schauen weg. Sie lassen kein Mitgefühl aufkommen, oder sie engagieren sich nicht für uns. Vielleicht nehmen sie (unbewusst) wahr, dass Mitleid ihnen viele Unannehmlichkeiten bringen könnte; möglicherweise auch Konflikte mit den «Räubern». Vielleicht hatten sie auch andere Gründe, wegzuschauen.

Wenn es sich, wie im Gleichnis, bei den anderen Passanten um kirchliche Personen handelte, könnte ein derartiges Fehlverhalten in uns eine tiefe, unbewusste Ablehnung gegenüber der Kirche ausgelöst haben.

Der Weg der Heilung

«Dann kam ein Mann aus Samarien, der auf der Reise war. Als er ihn sah, hatte er Mitleid, ging zu ihm hin, goss Öl und Wein auf seine Wunden und verband sie. Dann hob er ihn auf sein Reittier, brachte ihn zu einer Herberge und sorgte für ihn. Am andern Mor-

gen holte er zwei Denare hervor, gab sie dem Wirt und sagte: Sorge für ihn, und wenn du mehr für ihn brauchst, werde ich es dir bezahlen, wenn ich wiederkomme» (Lk 10,33–35). Am Anfang des Heilungsweges steht die persönliche Zuwendung: Mitleid. Der Mann aus Samarien fühlte mit der Not des Mannes und half, soweit er konnte. Er unterbrach seine Reise, seine Pläne. Er schenkte ihm Zeit und gab Geld für sein Gesundwerden aus.

In die Wunde goss er *«Öl und Wein»*. Wein desinfiziert. Solange in der Wunde noch «Schmutzpartikel» sind, wird sie nie heilen können. Darum ist die gründliche Desinfektion absolut notwendig. Öl lindert den Schmerz und stärkt das Gesunde. Es fördert den Heilungsprozess. Ein solcher braucht Zeit und deshalb verband der Samariter die Wunden des Mannes. Er vermittelte ihm weitere Hilfe – eine Zeit der Erholung in der Herberge – damit sein Heilungsprozess fortschreiten kann.

Auch bei uns steht zu Beginn des Heilwerdens das Mitgefühl eines Mitmenschen mit dem, was wir erlitten haben: «Ich verstehe dich. Das musste für dich aber hart und grausam gewesen sein. Wie du das nur aushalten konntest.»

Die unabdingbare Desinfektion der Wunde heisst: verzeihen. Ohne diesen Schritt kann die Wunde (die Lebensgeschichte) nicht heil werden. Und – alles braucht Zeit. Vielleicht brauche ich noch andere Personen, auf deren Hilfe ich auf diesem Weg angewiesen bin. Vielleicht brauche ich – nach dem Verbinden der Wunde – viel Zeit, damit diese ungestört heilen kann.

4. Heilung durch Vergebung

Damit sind wir bereits mitten in einem entscheidenden Thema der Heilung: die Vergebung. Dazu ein Beispiel: Eine Frau litt an Rückenschmerzen und Schmerzen in der linken Hüfte, was ihre Nachtruhe, ihre Beweglichkeit und ihre Arbeit beeinträchtigte. Der Arzt verschrieb ihr Medikamente gegen Arthritis.

Eines Abends hatte sie den Wunsch, dass jemand für sie bete. Das junge Mädchen, das für sie betete, sagte, das Wort «Unversöhnlichkeit» sei ihr in den Sinn gekommen. Sofort war der Frau klar, was gemeint ist. Es fiel ihr zwar nicht leicht, doch schliesslich brachte sie es fertig, jemandem zu verzeihen, der ihr lange Zeit das Leben schwer gemacht hatte. Daraufhin wurde sie von einem Teil ihrer Beschwerden geheilt.

4.1. Bitterkeit – Folgen von Verletzungen

Am Anfang einer Unversöhntheit steht meist eine bittere Erfahrung, eine Enttäuschung, eine Ungerechtigkeit, ein Schmerz, eine Wunde. Das tut weh. Dieser Schmerz löst meist eine negative Reaktion aus: Wut, Zorn, Groll, Ärger. Das ist normal. Wir dürfen Wutgefühle, Zorngefühle und Ärgergefühle in uns haben. Gefühle dürfen immer sein. Sie vermitteln uns eine Botschaft, denn solche Gefühle haben immer einen Grund, eine Ursache. Sie zeigen uns, wie es in unserem Herzen aussieht. Gott schaut auf unser Herz. Er allein weiss, was uns angetan worden ist, und Er möchte unser Herz heilen.

Negative Gefühle zeigen uns, dass wir verletzt sind und der Heilung bedürfen. Denn Unversöhntes kann sich im Herzen festsetzen. Aus Ärgergefühlen kann Ablehnung wachsen, eine Mauer entstehen. Grollgefühle können bittere Samen und Wurzeln im Herzen zurücklassen. Diese können wachsen, grösser werden und so mehr und mehr in unser Leben hineinwirken. Wir empfinden dann Bitteres, eine Art Zynismus, eine Unzufriedenheit in uns. Nur - Zeit heilt keine Wunden! Es wächst höchstens Gras darüber. Denn in dem Moment, wenn uns in unserem Leben wieder ähnliches passiert wie damals, als wir verletzt worden sind, bricht die Wunde wieder auf, und auf dieser Wunde entsteht eine neue Wunde.

Lebt so Unversöhntes im Menschen, kann dies zu Groll und schliesslich zu seelischen und körperlichen Krankheiten und Störungen führen. Denn Groll zerstört den Menschen von innen her. Er raubt dem Menschen den Frieden. Das Herz wird vergiftet. Der Mensch wird verhärtet. Dort, wo ein Mensch verhärtet ist, kann er keine Liebe mehr empfangen und auch keine Liebe mehr schenken.

Unversöhntheit ist wie eine offene Wunde. Solange noch einige schmutzige Fremdkörper in der Wunde sind, wird diese immer eitern und schmerzen. Wunden können erst heilen, wenn sie ganz desinfiziert sind. So ist es auch in unserem Herzen. Solange wir noch einen Vorwurf, eine Bitterkeit zurückhalten, solange wir noch jemandem etwas heimzahlen wollen, öffnen wir immer neu die Wunde in uns.

Unversöhntheit bindet und macht unfrei

Durch unsere Unversöhntheit binden wir uns an andere Menschen und werden selbst unfrei. Im Volksmund sagen wir ganz richtig: «Ich trage dem andern etwas nach.» Wenn wir Vorwürfe nachtragen, wenn wir nicht vergeben, belasten wir uns selbst. Wir tragen die Vorwürfe immer mit uns. Wir tragen die Last, nicht derjenige, der uns verletzt hat.

Ich erinnere mich an eine Frau. Sie hatte grossen Ärger mit ihren Vorgesetzten im Geschäft. So gab es für sie nur eines: möglichst schnell ein paar Tage weg von diesem Mitarbeiter. So flog sie für einige Tage Tausende Kilometer weg an den Strand. Und was erlebte sie dort: Die ganze Zeit im Kurzurlaub redete und beschäftigte sie sich mit diesem Mann. Er war mit ihrem unversöhnten Herzen «mitgekommen».

So ist es bei uns: Belastende und unversöhnliche Gedanken an bestimmte Personen, die uns verletzt haben oder denen wir etwas heimzahlen möchten, können uns ständig verfolgen. Wir selbst werden dadurch unfrei. Denken wir nur an Verletzungen in der Ehe. Wenn wir uns scheiden lassen, werden wir, wenn wir nicht vorher dem Partner vergeben, die Verletzungen in die nächste Beziehung hinein nehmen.

Versöhnung mit den Eltern

Eine Frau, bereits über 35-jährig, die ich aus meiner Kindheit gut kannte, bekannte mir im Gespräch, dass sie jetzt noch ein Studium machen möchte. Eigentlich hätte sie diesen Wunsch schon als Jugendliche gehabt, doch weil ihre Mutter ihr öfters gesagt habe, dass sie ein Studium machen solle und sie schon länger einen Widerstand gegen ihre Mutter hatte, tat sie es damals aus Trotz ihrer Mutter gegenüber nicht. Nicht aus eigenem freiem Hören auf ihr Innerstes, hatte sie sich damals so entschieden, sondern um es ihrer Mutter «zurückzuzahlen».

Unversöhntheit mit den Eltern, insbesondere mit dem gleichgeschlechtlichen Elternteil, kann sogar zur unbewussten Verweigerung der Annahme der eigenen sexuellen Ausrichtung führen. Man löst sich aus dem gesunden frühkindlichen Aufschauen, dass ein Mädchen so wie die Mutter, ein Bub so wie der Vater werden will.

Gott jedoch möchte unsere Freiheit und die grösstmögliche Entfaltung unseres Lebens. Das verlangt von uns, uns mit den Eltern und den ersten Bezugspersonen zu versöhnen, sowie unsere eigene Identität zu lieben. Darauf weist das 4. Gebot hin. Es ist das einzige Gebot, das eine Verheissung beinhaltet: *«Ehre deinen Vater und deine Mutter, wie es dir der Herr, dein Gott, zur Pflicht gemacht hat, damit du lange lebst und es dir gut geht in dem Land, das der Herr, dein Gott, dir gibt» (Dtn 5,16).* Wir werden nur dann die Fülle unseres Lebens erfahren, wenn wir unseren Eltern vergeben haben.

Eine 34-jährige Mutter von drei Kindern erzählt, wie sehr sie als Teenager ihre Mutter verurteilt habe, weil sie immer so geschrien habe. Nun aber mache sie dasselbe – nur noch intensiver. Sie blieb unbewusst durch ihre Unversöhntheit genau an jenes Verhalten ihrer Mutter gebunden, welches sie so sehr verurteilte.

Die uns überlieferte Szene des 12-jährigen Jesus macht offensichtlich, dass Konflikte und Spannungen zur Beziehung und insbesondere zum Loslösungsprozess gehören. Jesus blieb, ohne seine Eltern zu informieren, allein in der Grossstadt Jerusalem zurück. Weshalb? Was war in ihm vorgegangen? Die Antwort, die Jesus Seinen Eltern auf ihre vorwurfsvolle Frage – *«Kind, wie konntest du uns das antun? Dein Vater und ich haben dich voll Angst gesucht» – gab, lässt tiefer blicken. «Warum habt ihr mich gesucht? Wusstet ihr nicht, dass ich in dem sein muss, was meinem Vater gehört?» (Lk 2,48–49).*

Jesus nahm Seine Identität - Sohn des himmlischen Vaters zu sein - wahr und in Anspruch. Es drängte Ihn, dazu zu stehen. Das verlangte von Ihm, sich aus den Mutter- und Vaterbindungen zu lösen. Dies geschah durch eine Art von Schock. Jesus spürte, dass Er Seinen Eltern dies antun musste, damit sie ihre Bilder, Träume, Pläne und Erwartungen in Bezug auf Ihn loslassen konnten.

Jesus sprach von einem *«muss»*. Der schmerzliche, pubertäre Lösungsprozess ist Gottes Wille. Jesus hat also nicht einfach als Teenager vergessen, sich bei den Eltern abzumelden. Sonst hätte Er sich anschliessend entschuldigt. Nein, bewusst blieb Er im Tempel zurück. Er «musste» Seinen Eltern diesen Schmerz, diese Verwundung zumuten, die Ihn selbst viel gekostet hat.

Jeder Mensch ist gerufen seine eigene Identität – und damit seine göttliche Berufung – zu entdecken und zu leben. Das ist etwas Heiliges, Unantastbares. Dieser Identität hatte Jesus – und hat jeder Mensch – zu folgen. Das gilt auch für die Eltern in der Gestaltung ihres eigenen Lebens. Sie müssen mehr und mehr zurücktreten, das

Kind freigeben, damit es seine Identität entdecken, annehmen und leben kann.

Jesus konnte dies, weil Er versöhnt mit Seinen Eltern war. Doch oft geschieht es bei uns, dass wir auf Verletzungen und auf – nach unserem Empfinden – unangebrachtes Verhalten der Eltern, bewusst oder unbewusst mit inneren Schwüren, Trotz und ähnlichem mehr reagieren. Und dann bekommt dies Macht über uns. Solange in irgendeiner Form Unversöhntes in uns da ist, bleiben wir «gebunden». Was hilft da? Ein neuer Blick!

4.2. Das Kreuz – Ort der universalen Versöhnung

Im Alten Testament finden wir «Voraus-Bilder» des endgültigen Heils. Ein solches Voraus-Bild ist die Signalstange.

Von der Signalstange zum Kreuz

In der kargen Wüste, lehnte sich das Volk Israel gegen Gott auf und murrte. Dies hatte eine «Vergiftung» zur Folge. Giftschlangen[27] bissen die Leute und dadurch wurde die ganze Atmosphäre im Volk vergiftet. Wie wurden sie von diesem «Gift» befreit?

Zwei Schritte führten dazu. Erstens: Die Erkenntnis der eigenen Schuld und die Bitte um Vergebung. *«Die Leute kamen zu Mose und sagten: Wir haben gesündigt, denn wir haben uns gegen den Herrn und gegen dich aufgelehnt. Bete zum Herrn, dass er uns von den Schlangen befreit» (Num 21,7).*

Auf dieses Gebet hin gab Gott – dies ist der zweite Schritt - dem Mose folgenden Auftrag: *«Mach dir eine Schlange, und häng sie an einer Fahnenstange auf! Jeder, der gebissen wird, wird am Leben bleiben, wenn er sie ansieht» (Num 21,8)*. Auf diesen Aufblick zur Kupferschlange bezog sich Jesus, um das Geheimnis Seiner erlösenden Liebe am Kreuz zu offenbaren: *«Wie Mose die Schlange in der Wüste erhöht hat, so muss der Menschensohn erhöht werden, damit jeder, der (an ihn) glaubt, in ihm das ewige Leben hat» (Joh 3,14).* Die Erhöhung Jesu am Kreuz schenkt allen, die vertrauensvoll zu Ihm aufblicken Leben, ja ewiges Leben.

---

[27] Vgl. Num 21,4–9. Wenn es hier heisst, dass der Herr Giftschlangen schickte und dies als Strafe Gottes angeschaut wurde, war dies Ausdruck ihrer damaligen Sichtweise. Heute würden wir sagen: Die Giftschlangen, als Bild für die vergiftete Atmosphäre, waren die Folge des Murrens und der Auflehnung.

Der endgültige Gottesknecht: Jesus

Das führt uns zum zentralsten Ereignis des Heilsgeschehens Gottes. Bereits mehr als vierhundert Jahre im Voraus deutete der Prophet Jesaja den Tod des Gottesknechtes als Heilsereignis: *«Er hat unsere Krankheit getragen und unsere Schmerzen auf sich geladen. Wir meinten, er sei von Gott geschlagen, von ihm getroffen und gebeugt. Doch er wurde durchbohrt wegen unserer Verbrechen, wegen unserer Sünden zermalmt. Zu unserem Heil lag die Strafe auf ihm, durch seine Wunden sind wir geheilt» (Jes 53,4–6a).* Von Anfang an hat die christliche Gemeinde im Gottesknecht Jesus von Nazaret erkannt.

«Durch seine Wunden sind wir geheilt» weist darauf hin, dass Jesus am Kreuz in geheimnisvoller Weise all unsere Wunden, Schmerzen und Leiden bereits getragen hat. Markus und Matthäus betonen dies in ihrer Deutung des Sterbens Jesus. Dort sagt Jesus am Kreuz nur einen Satz: *«Mein Gott, mein Gott, warum hast du mich verlassen?» (Mk 15,34, Mt 27,46).* Dieser Schrei, dieses Warum, zeigt Seinen abgrundtiefen Schmerz. Hier hat Jesus jede Last, jede Enttäuschung, jeden Schmerz, jedes Unrecht, jede Schuld, jede Beschämung, jede Resignation, jede Bitterkeit, ja alles Leiden und Sterben auf sich genommen. Dies brachte Ihn in diese abgrundtiefe Verlassenheit. Stellvertretend für die ganze Menschheit, die sich von Gott entfremdet hat, erfährt Er an sich selber die totale Gottverlassenheit und wurde gleichsam *«zur Sünde» (2 Kor 5,21).*

Der Tod der Feindschaft

Am Kreuz nahm Jesus in geheimnisvoller Weise das Böse, das Trennende und die Schuld aller Menschen auf sich. Er nahm es in Seinen Tod hinein. Einige Schriftstellen weisen auf dieses universale Geschehen hin: *«Der Herr lud auf ihn die Schuld von uns allen» (Jes 53,6b). «Er* (Jesus Christus) *ist die Sühne für unsere Sünden, aber nicht nur für unsere Sünden, sondern auch für die der ganzen Welt» (1 Joh 2,2). «Seht, das Lamm Gottes, das die Sünde der Welt hinweg nimmt» (Joh 1,29).* Gott in Seiner Liebe, die sich am Kreuz Jesu offenbart, will von da her ausnahmslos allen Menschen Heil schenken.

Was das heisst, formuliert Paulus so: *«Er hat in seiner Person die Feindschaft getötet» (Eph 2,16).* An diesem Ort, oder besser in der Person Jesus Christus ist alle Feindschaft besiegt. Was hier geschah, hat Folgen für alle Menschen. *«Denn Gott wollte mit seiner ganzen Fülle in ihm wohnen, um durch ihn alles zu versöhnen. Alles im Himmel und auf Erden wollte er zu Christus führen, der Friede gestiftet hat am Kreuz durch sein Blut» (Kol 1,19–20).*

Diesen Frieden vom Kreuz aus lebte Jesus auch ganz persönlich. Selbst als die Menschen Ihn schlugen, verletzten, so brutal quälten und töteten, war Seine Antwort Liebe. Jesus erlitt das Böse und liebte zurück. *«Vater, vergib ihnen, denn sie wissen nicht, was sie tun» (Lk 23,34).* Diese Bitte zeigt, dass Jesus selbst allen, die Ihn quälen, foltern, verspotten und schliesslich umbringen, Vergebung zuspricht. Er verzeiht denen, die Ihn hassen, foltern und töten. Was die Menschen Ihm auch antun, Er ist bereit, allen zu vergeben und ihnen Frieden zu schenken.

4.3. Verzeihen

Das Kreuz ist der Ort, an dem Gott uns vergibt. Das bleibt nicht ohne Folgen für uns. Vergebung zu empfangen ist damit verbunden nun auch selbst Vergebung zu gewähren. *«Vergebt einander, weil auch Gott euch durch Christus vergeben hat» (Eph 4,32).*

Als Jesus am Kreuz hing, hatte er keine guten Gefühle für die, welche Ihm solche Schmerzen zufügten und Sein junges Leben so brutal zerstörten. Dennoch hat Jesus ihnen vergeben. Jesus hat sich zur Vergebung entschieden und zugleich kein Wort der Wahrheit, die Er verkündet hat, zurückgenommen.

Vorerst keine Gefühlssache

Vergeben (verzeihen) ist vorerst keine Gefühlssache. Verzeihen ist eine Tat des Willens[28]. Es ist die Entscheidung: Ich spreche dich los von deiner Vergangenheit. Ich will nicht mehr an das denken, was du mir angetan hast. Ich will meine inneren Vorwürfe und Bitterkeit dir gegenüber loslassen. Ich distanziere mich davon und bringe sie ans Kreuz. Dort sollen alle Vorwürfe zum Tod kommen. Das am

[28] Vergebung ist eine willentliche Entscheidung, oftmals ohne Gefühle, im Vertrauen auf die Erlösung Jesu Christi und Gehorsam Seinem Wort gegenüber, dass wir vergeben sollen. Im Prozess des Vergebens wird unser Gehorsamsakt vom Gefühl irgendwann vielleicht eingeholt. Wenn das Herz aber kalt bleibt, der Mensch aber im Vertrauen auf das Handeln und die Erlösung des Herrn vergibt, ist Gott grösser und barmherziger, als wir es jemals erahnen können.

Kreuz vergossene Blut Jesu möge mich reinigen von allem Vorwurf und aller Bitternis.

Vergeben heisst, ich gebe mein Recht auf Rache dem Herrn, ab. Ich kehre nichts unter den Teppich, denn derjenige, der mir Leid zugefügt hat, wird von Gott zur Rechenschaft gezogen.

Verzeihen bedeutet nie, das Böse nicht mehr böse und das Falsche nicht mehr falsch zu nennen. Verzeihen bedeutet nicht, Unrecht und Unterdrückung zu tolerieren oder zu akzeptieren. Im Gegenteil: Oft braucht es um der Wahrheit und Gerechtigkeit willen das Offenlegen der Ungerechtigkeit, die Auseinandersetzung damit.

Doch ist die innere Haltung anders. Diese besteht darin, dass wir aufhören, andere Menschen, Gott oder uns selber zu beschuldigen und so zu Sündenböcken zu stempeln. Es geht uns auch nicht mehr ums Recht haben wollen, sondern um das Rechte zu tun. Es geht um die Frage: Wie können wir uns jetzt der Liebe Jesu am Kreuz öffnen? Wie kann Sein erlösendes Wirken unsere Beziehungen heilen? Wie kann jetzt Heil und Heilung geschehen?

Verzeihen heisst, aus der Hand geben. Ich bestimme nicht mehr selber, wie es in dieser und jener Beziehung weitergehen soll. Ich übergebe sie dem Wirken des göttlichen Arztes Jesus Christus. Er kann in allen die Wunden heilen, versöhnen und uns alle so mit Seiner Liebe verbinden, wie Er es möchte. Ich lasse meine Erwartungen los. Er soll alles führen und leiten.

Für den Heilungsprozess ist es wichtig, das Verzeihen (nach Möglichkeit) auszusprechen. Und oft muss diese Entscheidung erneuert werden. Das stärkt den Heilungsweg.

Verzeihen ist nicht ein einmaliger Schritt, sondern eine Lebensaufgabe. Verzeihen betrifft alle Bereiche unseres Lebens. Zuallererst müssen wir immer wieder uns selber verzeihen. Verzeihen heisst «Ja» zu mir sagen mit all meinen Fehlern und Schwächen. Meine Vergangenheit darf so sein, wie sie gewesen ist. Verzeihen heisst: Ich bringe meine Vorwürfe an mich, mein Mich-anders-haben-Wollen ans Kreuz. Dort sollen sie mit Jesus sterben. Ich nehme mich an, so wie ich jetzt bin.

Verzeihen müssen wir auch unseren Mitmenschen und hier besonders den Menschen, die uns nahe standen: Mutter, Vater, Geschwister, Erzieher, Freunde, Lebenspartner, Kinder,... .Vieles hat uns verletzt und weh getan. Oft haben wir viel Unrecht erlitten und leiden jetzt noch an den Folgen. Das kann sehr schmerzlich und hart sein. Es kann[29] ein langer Weg sein, bis wir von aller Bitternis frei geworden sind. Doch jetzt können wir uns für den Beginn dieses Weges, für die Versöhnung entscheiden.

Des Weiteren müssen wir oft der Kirche (der Pfarreigemeinde, Rom, den Mitarbeitern und Mitarbeiterinnen in der Kirche) verzeihen. Verzeihen müssen wir der Gesellschaft, den Behörden, dem Staat, anderen Institutionen und vielen mehr.

4.4. Heilung der Gefühle

Im Hebräerbrief lesen wir: *«Seht zu, dass niemand die Gnade Gottes verscherzt, dass keine bittere Wurzel wächst und Schaden stiftet und durch sie alle vergiftet werden» (Hebr 12,15).* Bittere Wurzeln zeigen, dass uns, nachdem wir die Entscheidung zur Vergebung ausgesprochen haben, negative Gefühle wie Groll, Ärger und Wut zu schaffen machen. Solange der Schmerz da ist, werden immer neu bittere Gefühle und Groll aufsteigen. Erst wenn aus der Wunde eine Narbe wurde, ist Heilung geschehen. Damit in unseren verletzten Gefühlen Heilung geschehen kann, sind vier Schritte hilfreich:

1. Gefühle annehmen

Gefühle dürfen immer sein. Doch Rachsucht, Zorn, Wut Neid, Eifersucht, Ärger, Schadenfreude, Hass usw. sind Gefühle, die meist unerwünscht sind. Wir denken: Eigentlich sollte es sie gar nicht geben, zumindest nicht bei mir selbst. Und so denken manche: «Weil ich negative Gefühle habe, bin ich ein schlechter Mensch.» Doch jeder möchte ein guter Mensch sein. Deshalb schämt er sich dieser Gefühle und möchte sie am liebsten weg haben. Beschämende Gefühle können zu krankhaften Schuldgefühlen: «Ich sollte anders sein», oder zur Verdrängung führen «was nicht sein darf, gibt es nicht.»

Doch Gefühle haben wir nicht im Griff. Sie entstehen von selbst. Es ist hilfreich, die Gefühle anzuschauen. Denn Gefühle, die verdrängt wurden, weil sie nicht sein durften, haben Macht über uns. So kann es manchmal hilfreich sein, vor einem vertrauten Menschen oder an einem einsamen Ort (z. B. im Wald) auch die negativen Ge-

[29] Muss nicht sein, selbst schlimmste Verletzungen können im Moment der Vergebung heil werden. Das hängt vom Menschen selbst ab. Kinder und Jugendliche haben es bedeutend leichter.

fühle zuzulassen, zu klagen und Gott gegenüber herauszuschreien. Denn Gott «erträgt» alles.

Klagen ermöglicht uns, wahr und echt zu unseren Gefühlen zu stehen. Dazu wollen uns auch die Klagepsalmen in der Bibel ermutigen. Denn «indem der Mensch seine Not in Form des verzweifelten Schreis, der Klage, aus sich entlässt und sie vor Gott stellt, ist ihr der tiefste Stachel, ihre Ausweglosigkeit und Dunkelheit, bereits entzogen» (Gisbert Greshake). Das kann lösend wirken. Gefühle verlieren ihre Macht, wenn wir den Schmerz zulassen.

Auf dem Grund aller beschämenden Gefühle wartet stets die Einladung, Gott und den Menschen zu vergeben. Doch erst wenn der ganze Zorn, die ganze Wut und Not herausgeschrien wurde, ist der Weg dazu frei. Oft vergeben wir und vernachlässigen oder verdrängen dabei unsere Gefühle. Das kann ein Grund sein, warum trotz «Vergebung» Beziehungen nicht wirklich heil werden.

2. Gefühle relativieren

Nachdem wir die Gefühle angenommen haben, gilt es über unsere Gefühle zu «herrschen». Denn wir Menschen sind nicht Sklaven unserer Gefühle. Wir sind vielmehr frei, entsprechend unseren Gefühlen, frei aber auch, trotz unserer Gefühle, anders zu handeln. Anders gesagt: Wir Menschen sind in den Lernprozess gerufen, uns selbst zu steuern.

Wenn wir zum Beispiel zornig sind, können die Gefühle uns sagen: «Am liebsten möchte ich diesen Menschen, der mir so sehr weh getan hat, umbringen.» Bei diesem Schritt betrachten wir unsere Gefühle und geben zu: Unsere Gefühle möchten diesen Menschen am liebsten umbringen. Wir können diese Gefühle nicht verhindern, aber wir haben die Kontrolle über unsere Reaktion auf unsere Gefühle, die Kontrolle über unser Verhalten aufgrund und trotz der Gefühle. Das heisst: Wir leben unsere Gefühle nicht aus. So können wir uns gegen unsere noch so bedrängenden Gefühle entscheiden, diese Person nicht umzubringen. (Was in jedem Fall auch zu raten ist!)

3. Gefühle Jesus anvertrauen

Nach der Annahme können wir die negativen Gefühle der Heilung Jesu anvertrauen: «Danke Jesus, dass Du mir geholfen hast zu verzeihen. Schau, jetzt ist schon wieder diese Wut, dieser

Schmerz,… in mir da. Ich vertraue Dir diese Gefühle an. Bitte heile Du meine Wunde, die diese Gefühle verursachen und segne diesen Menschen. Schenke ihm Dein Erbarmen und Deine Liebe.»

Solches Anvertrauen der belastenden Gefühle ist ein Prozess oder besser gesagt eine Haltung des Glaubens. Wir glauben der Heilskraft Seiner Erlösung am Kreuz und öffnen uns bewusst. In dieser Haltung werden wir in der Regel nach längerer Zeit – auch tatsächlich Sein heilendes Wirken erfahren.

4. Segen und segnen

Der vierte Schritt lädt uns ein auf Jesus in uns zu schauen und uns für das Handeln nach Seinem Geist zu entscheiden. Denn wir können, trotz der negativen Gefühle, dieser Person Gutes tun und Gutes über sie sagen. Das ist der Weg, zu dem uns Jesus einlädt und durch Seinen Geist auch befähigt. *«Tut denen Gutes, die euch hassen. Segnet die (das heisst: sagt gute Worte über die), die euch verfluchen …» (Lk 6, 27b–28a).* Solche Handlungen brauchen Überwindung. Aber sie entziehen dem Negativen den Nährboden in uns.

«Segnet» heisst, noch einen Schritt weiterzugehen. Wir versuchen, das Gute dieser Person zu sehen und dafür zu danken. Wir wünschen ihr Glück und Erfolg. Wir erbitten für sie Gutes, Heil und Segen. So kommt die Wirkkraft des Reiches Gottes in uns und dem anderen zum Zug. Beziehungen können heilen.

4.5. Ein konkreter Versöhnungsweg

Verzeihen ist unsere Entscheidung. Doch zur Versöhnung untereinander braucht es immer zwei Personen[30], die dazu bereit sind. Nicht immer ist dies der Fall. Paulus sagt: *«Vergeltet niemand Böses mit Bösem! Seid allen Menschen gegenüber auf Gutes bedacht! Soweit es euch möglich ist, haltet mit allen Menschen Frieden!» (Röm 12,17–18)*. Es gibt Situationen, in denen Friede und die Versöhnung nicht möglich sind, weil eine Person dies nicht will. Immer aber ist die Versöhnung im eigenen Herzen möglich.

Wo Menschen aber die Wahrheit und den Frieden wollen, bewirkt Vergebung Heilung, Wiederherstellung und Neubeginn von

[30] Versöhnung geschieht zwischen Personen. Doch zur Versöhnung brauche ich, wenn der andere nicht will, vielleicht nicht mehr lebt…, nur Gott!

Beziehungen. Vielleicht können Impulse aus den folgenden Punkten dazu eine Hilfe sein.

1. Den richtigen Zeitpunkt für das Gespräch suchen: In sehr vielen Situationen ist es wichtig, bei Verletzungen und Ungerechtigkeiten nicht sofort zu reagieren, um selbst etwas Distanz und Ruhe zu erhalten. Im Weiteren gilt es, den richtigen Zeitpunkt zu suchen. Allen Beteiligten muss der Zeitpunkt passen. Genügend Zeit und eine ungestörte Atmosphäre sind wichtig.

2. Bewusstwerden der eigenen Fehler und Verletzungen: In einer Zeit des Nachdenkens und Hineinfühlens in die jeweilige Beziehung und ihre Geschichte können uns zwei Fragen helfen:

Welche Fehler beziehungsweise Verletzungen habe ich dir gegenüber begangen? Was war die Absicht, die ich mit meinem Handeln verfolgt habe?

Was hat mich bei deinem Handeln mir gegenüber verletzt? Warum?

3. Gegenseitiges Bekennen und Aussprechen: Das ist die Hochform des Vergebens. Beim gegenseitigen Aussprechen und Bekennen der Fehler und Verletzungen sind folgende Spielregeln wichtig: Erstens: Konkret sein und nichts beschönigen.

Und zweitens: Nur von seinen eigenen Wahrnehmungen sprechen und den anderen nicht beschuldigen oder ihm negative Absichten unterstellen. Das heisst, in der Ich-Form reden.

Aussprechen macht frei und nimmt dem Bösen die Macht in unseren Herzen. Auch die Frage der Wiedergutmachung sollte angesprochen und wenn nötig konkret vereinbart werden.

4. Das Verzeihen aussprechen: Auch wenn die Gefühle noch verletzt sind, ist es wichtig, das Verzeihen auszusprechen. Denn gerade die vollzogene Entscheidung des Verzeihens ermöglicht die Heilung der Gefühle. So können wir z. B. sagen: «Ich verzeihe dir dies alles und fange neu an.» Ein Händedruck, eine Umarmung oder ein anderes Zeichen können diesen Schritt verdeutlichen und besiegeln.

5. Den weiteren Heilsweg Gott anvertrauen: Wenn es für beide Gesprächspartner möglich ist zu beten, können sie in einem Vaterunser oder in anderen Gebeten die Heilung ihrer Beziehung dem himmlischen Vater anvertrauen und um neue Liebe füreinander bitten.

Wo immer echte Versöhnung geschieht, wirkt Jesus Christus und wächst Gottes Reich. Ein Stück geheilte Schöpfung wird offenbar.

5. Heilung durch die Sakramente

Diesen Heilungsprozess wollen die Sakramente fördern. Doch was sind Sakramente?

Ein moderner Mensch verlief sich in der Wüste. Die unbarmherzige Sonne hatte ihn bald ausgedörrt. Da sah er in einiger Entfernung eine Oase. «Eine Fata Morgana», dachte er, «eine Luftspiegelung, die mich täuscht!» Er näherte sich der Oase, aber sie verschwand nicht. Er sah die Dattelpalmen, das Gras und die Felsen, zwischen denen eine Quelle entsprang. «Es ist natürlich eine Hungerfantasie», dachte er, «natürlich – jetzt höre ich sogar Wasser sprudeln. Eine Gehörhalluzination! Wie grausam die Natur ist!» Mit diesem Gedanken brach er zusammen und starb.

Eine Stunde später fanden ihn zwei Beduinen. «Kannst du so etwas verstehen?», sagte der eine dem andern: «die Datteln wachsen ihm ja beinahe in den Mund, und dicht neben der Quelle liegt er – verhungert und verdurstet!» «Er war ein moderner Mensch», antwortete der andere Beduine, «er hat nicht daran geglaubt.»

Diese Geschichte erzählt Unglaubliches: Ein Mensch, ein «moderner» Mensch verdurstet direkt neben einer sprudelnden Quelle. Die Menschen sehnen sich nach Leben, nach Heilung, nach Selbstentfaltung, nach dem Freiwerden von so vielen Nöten und Zwängen, nach dem Heilwerden ihres Lebens. Sie sehnen sich danach, und sie suchen überall. Und doch verdursten viele neben der Quelle Jesu Christi, der uns in den Sakramenten unseren Lebensdurst stillen will.

Die Erlösungsgnade wird wirksam

«Am Kreuz erhöht, hat er sich für uns dahingegeben aus unendlicher Liebe und alle an sich gezogen. Aus seiner geöffneten Seite strömen Blut und Wasser, aus seinem durchbohrten Herzen entspringen die Sakramente der Kirche. Das Herz des Erlösers steht offen für alle, damit sie freudig schöpfen aus den Quellen des Heiles» (Präfation vom Heiligsten Herzen Jesu).

Das Kreuz Jesu ist die Quelle, aus der das «lebendige Wasser» des Heiligen Geistes und das überfliessende Leben Gottes strömen. Jeder Mensch kann kommen und hier Leben finden.

Doch – wenn wir das Wasser aus einer Quelle trinken wollen, müssen wir zur Quelle gehen, uns niederbeugen und trinken. Um die Heilskraft der Sakramente aufzunehmen, müssen wir glauben, dass der Lebendige Jesus Christus hier mit Seiner heilenden Kraft auf uns zukommt. Mit anderen Worten: Wir können die Sakramente nicht bloss äusserlich empfangen, sondern nur im wirklichen Glauben und in der Erwartung, dass Jesus Christus gegenwärtig ist und in unser Leben heilend eingreifen möchte. Sakramente sind Begegnungen mit dem Auferstandenen.

In der Taufe hat uns Jesus Christus in Seinen Leib aufgenommen. Er ist einen ewigen Liebesbund mit uns eingegangen und hat uns in Sein unzerstörbares Leben hineingenommen. Der Taufbund ist das Fundament auf dem wir stehen. Wir wurden *«aus Gott geboren» (Joh 1,13)* und im Sohn Jesus Christus, Gottes Töchter und Söhne. Wir wissen, zu wem wir gehören und wer für uns da und in allem zuständig ist.

In allen Sakramenten bewirkt Jesus Christus, besonders auch wenn ihre Gnade bewusst erneuert wird, Heil und Heilung. Von diesen Sakramenten wollen wir besonders die drei Sakramente der Krankensalbung, der Busse und der Eucharistie, die auch als Heilungssakramente bezeichnet werden, näher betrachten. In ihnen vergibt, heilt und stärkt uns Jesus, der wahre Heiland.

5.1. Heilung durch die Kranksalbung

Jakobus schreibt: *«Ist einer von euch krank? Dann rufe er die Ältesten der Gemeinde zu sich; sie sollen Gebete über ihn sprechen und ihn im Namen des Herrn mit Öl salben. Das gläubige Gebet wird den Kranken retten und der Herr wird ihn aufrichten; wenn er Sünden begangen hat, werden sie ihm vergeben» (Jak 5,14–15).* Gebet, Salbung mit Öl und Sündenvergebung haben heilende Kraft. Darum hat sich in der katholischen Kirche das Sakrament der Krankensalbung entwickelt. Das Zweite Vatikanische Konzil gab diesem Sakrament wieder den ursprünglichen Platz zurück. Aus der «letzten Ölung» wurde die «Krankensalbung». Es geht um das Heil der Kranken.

So heisst es in der offiziellen Einführung zur Feier dieses Sakramentes: «Die Krankensalbung muss in den gläubigen Gemeinden wieder das eigentliche Sakrament der Kranken werden. Ihr Ansatzpunkt im Leben ist nicht das herannahende Ende; sie darf nicht als Vorbote des Todes erscheinen. Vielmehr will der Herr in diesem Sakrament dem kranken Menschen als Heiland im tiefsten Sinne des Wortes so begegnen, wie Er es in Seinem irdischen Leben mit Vorliebe getan hat.

Der Heiland ist es, der in der Person des Priesters lindernd und stärkend dem Kranken die Hände auflegt und ihm die Aufrichtung schenken will, die der Kranke in seiner bedrückenden Lebenssituation braucht. Er will ihm beistehen in den Schmerzen, in der Ungeduld und Angst, in der menschlichen und religiösen Kraftlosigkeit, im inneren Aufbegehren, im Glaubensdunkel, in der Verdrossenheit und dem Zweifel oder auch der Abgestumpftheit und Verhärtung des Herzens gegenüber Gott.»[31]

Die Krankensalbung wird in der Regel in einen Wortgottesdienst oder in eine Eucharistiefeier eingebaut. Der eigentliche Ritus beginnt mit der Handauflegung.

Handauflegung

Wenn ein Mensch in irgendeiner Form krank oder geschwächt ist, fühlt er sich schnell als minderwertig, nicht mehr zur Gemeinschaft dazugehörend. Da will die Handauflegung als Berührung Jesu durch den Priester zuerst vermitteln: «Du bist mir willkommen. Du bist mir wichtig. Ich stehe zu dir und lasse dich nicht allein.» Die Handauflegung will das angeschlagene Selbstbewusstsein stärken und heilen.

Durch die Handauflegung wird die heilende Kraft des Heiligen Geistes vermittelt. So bedeutet die Handauflegung, dass Gottes Heilskraft über den Kranken kommt und an ihm heilend wirken soll.

Das Öl

Das Öl hatte in der Antike eine vielfache Symbolik. Es wurde verwendet als:

– *Heilmittel:* Das Öl wurde bei der Wundbehandlung verwendet. Bei einer Verletzung stärkt es das Gesunde und hilft so zur Heilung mit.

– *Schutzmittel:* Nicht nur als Sonnenschutz bei brütender Hitze dient das Öl. Ringkämpfer in der Antike schmierten sich so stark mit Öl ein, dass der Gegner nicht richtig zupacken konnte. Auch in

[31] Aus: «Die Feier der Krankensakramente» S. 22.

der Krankheit gibt es «Gegner»: Resignation, Entmutigung, Verzweiflung. Von solchen Gegnern will das geweihte Öl schützen.

– *Schönheitsmittel:* Öl, mit verschiedenen anderen Stoffen vermischt, war immer auch ein Kosmetikmittel. Es diente der Schönheit und dem Glanz des Körpers. In der Krankensalbung geht es um mehr als körperliche Schönheit, die spätestens im Tod verwelkt. Das geweihte Öl will zur ewigen Herrlichkeit und Schönheit unseres Abbildes – Gottes – verhelfen.

Die Heilige Salbung

Nun salbt der Priester zuerst die Stirn. Dabei spricht der Priester: *«Durch diese heilige Salbung helfe dir der Herr in seinem reichen Erbarmen, er stehe dir bei mit der Kraft des Heiligen Geistes. Amen.»*

Der Kopf ist Symbol für die gesamte Steuerung des Menschen. Kopflos zu leben bedeutet, ohne Orientierung und ohne geistliche Klarheit dahinzuvegetieren. Die Salbung der Stirn bedeutet somit, dass der gesamte Mensch, insbesondere seine gedankliche «Steuerung» dem Willen Jesu und Seiner Heil bringenden Macht anvertraut wird.

Dann folgt die Salbung der inneren Handfläche. Hände weisen auf Aktivität, auf neues Engagement hin; handlungsfähig, handgreiflich, mit den Händen zupacken, etwas in die Hand nehmen, usw. Dabei spricht der Priester: *«Der Herr, der dich von Sünden befreit, rette dich, in seiner Gnade richte er dich auf. Amen.»*

«Von Sünden befreit» heisst auch von inneren Blockierungen, von Bitterkeit und Resignation befreit werden. Er soll innerlich und äusserlich aufgerichtet werden und neuen Mut und neue Kraft erhalten. Dazu gehört auch die Widerstandskraft gegen alles Krankmachende und gegen alle Formen des Bösen.

Der Ritus weist darauf hin, dass die Krankensalbung umfassendes Heil vermitteln will: körperliche Stärkung und Heilung von seelischen Wunden sowie die Heilung der Gottesbeziehung.

Die besondere Gnade des Sakramentes: Versöhnung

Eine besondere Wirkung besteht in der Gnade der Versöhnung. Oft erlebt man diese Gnade bei Sterbenden. Nach dem Empfang der Krankensalbung werden sie ruhiger und können den kommenden Tod annehmen. Damit geschah eine innere Versöhnung mit ihrem Leben und damit mit Gott. Deshalb hat dieses Sakrament nach wie vor einen Heil bringenden Platz, vor allem bei alten Menschen. Sie müssen sich mit ihrem immer schwächer werdenden Zustand und ihrem Leben versöhnen, damit sie getrost und in Frieden sterben können.

Das Geschenk der Versöhnung besteht darin, alle bewussten und unbewussten Widerstände und Trotzhaltungen (innere Rebellion) gegen Gott, Menschen und das Leben loslassen zu können. Das geschieht, wenn die inneren Wunden, welche zur Auflehnung, Bitterkeit und Unversöhntheit führten, geheilt sind. Die Krankensalbung will insbesondere die inneren Wunden salben, die zu bitteren Gefühlen und Auflehnung führen. Die Salbung will den Schmerz der Wunde lindern.

Eine Form der Versöhnung besteht in der Annahme des Leidens und des Sterbens. «Durch die Gnade dieses Sakramentes erhält der Kranke die Kraft und die Gabe, sich mit dem Leiden des Herrn noch inniger zu vereinen». (KKK 1521)

Wie empfangen?

In der Krankensalbung begegnet uns Jesus Christus als der barmherzige Samariter unseres Lebens. Ihm bringen wir bewusst unsere Krankheiten und Wunden und vertrauen sie Ihm und Seinem Wirken an. Das gibt Ihm die Möglichkeit nach Seinem Willen Heilung zu schenken.

Das Sakrament der Krankensalbung[32] kann öfters empfangen werden. Wichtig ist dabei, dass wir Jesus bewusst eine Krankheit, ein Leiden anvertrauen. In besonderen Fällen – z. B. bei einer Verschlechterung der Situation – kann sie in demselben Anliegen nach Monaten nochmals empfangen werden. Denn die Krankensalbung will, wie der Ritus zum Ausdruck bringt, auch aufbauen und das Gesunde stärken.

Enttäuschte Hoffnung!?

Ein Priester erzählt: Einundzwanzig Jahre zählte der junge Mann damals, als der Motorradunfall im Militär sein Leben mit einem

[32] Der Katechismus der Katholischen Kirche erklärt, dass für Menschen, «die an schweren Krankheiten und Schwächen leiden» (KKK 1523), sowie wenn bei Betagten die Kräfte schwinden, der Empfang dieses Sakramentes angebracht ist. Dabei wird der Begriff Schwäche und Krankheit, was vieles beinhalten kann, nicht klarer umschrieben.

Schlag veränderte. – Und nun schickte er sich an, mit dem Krankentransport nach Lourdes zu fahren. Das war vier Jahre nach seiner verhängnisvollen Fahrt. Er hatte Hoffnung, dass ihm dort etwas geschenkt würde, das keine Therapie zustande brachte, wieder auf eigenen Füssen stehen zu dürfen, ein paar Schritte machen zu können. Er hoffte so sehr, dass mich sein Vertrauen geradezu ängstigte. Waren nicht schon ungezählte andere vor ihm nach Lourdes gefahren, hatten auch auf das grosse Geschehen gewartet – und waren gelähmt, gehörlos, blind, verkrebst wieder nach Hause gekommen? Wie würde dieser junge Mensch das überstehen?

Auf der Heimfahrt kam er mit seinem Betreuer bei mir vorbei. Ich spürte einen Druck in der Magengegend, als ich mich zum Sprechzimmer aufmachte. Er sass dort in seinem Wagen, leicht zur Seite geneigt, genau so, wie ich ihm ein paar Tage zuvor begegnet war. Und als ich ihm die Hand zum Gruss entgegenstreckte, überfiel ihn das gleiche Zucken und Zittern, wie ich es an ihm gewohnt war. Er machte nicht viele Worte. Er hatte ohnehin Mühe, sich verständlich zu machen. So weiss ich auch noch, was er sagte: «Es ist gut. Die Krankheit gehört zu mir. Er nahm mir etwas anderes. Ich bin nicht mehr zornig, ich begehre nicht mehr auf, ich bin nicht mehr mutlos.» Was er mit der Sprache nicht formulieren konnte, sagten seine Augen aus.

5.2. Heilung durch das Busssakrament

Rudolf Stertenbrink[33] erzählt von einem Geschäftsmann, der bei einem Therapeuten in Behandlung war. Er hatte einen guten Ruf und spielte im öffentlichen Leben eine bedeutende Rolle. Was ihn jedoch quälte, war sein Verhältnis mit einer verheirateten Frau. Sein Gewissen mahnte ihn, diese Bindung zu lösen. Doch dabei stiess er auf den Widerstand seiner Partnerin. Sie drohte, seiner Frau von diesem Verhältnis zu erzählen, falls es abgebrochen würde. Dieses innere Zerwürfnis führte jenen Mann zu Übermüdung und Schlaflosigkeit, sodass er unfähig war, seine beruflichen Aufgaben zu erfüllen.

Der Therapeut schickte ihn zu einem guten Seelsorger. Dieser machte ihn darauf aufmerksam, dass er nicht auf einen guten Schlaf

[33] Vgl. Rudolf Stertenbrink. Der Himmel öffnet sich auf Erden. Verlag Herder Freiburg im Breisgau 1990. Seite 177/8.

hoffen könne, solange er sich mit zwei unangenehmen Schlafgenossen zur Ruhe begebe. «Wie meinen Sie das?», fragte der Betroffene. Der Seelsorger erwiderte: «An Ihrer einen Seite liegt die ‚Angst', und an Ihrer anderen Seite liegt die ‚Schuld'. Wenn Sie wieder gesund werden wollen, müssen Sie die Angst und die Schuld loswerden.» Der Mann entschloss sich, seine Verbindung zu jener Frau abzubrechen, was auch immer die Folgen sein würden; denn er sagte sich: «Nie handelt man verkehrt, wenn man das Rechte tut.» Es war erstaunlich, zu sehen, wie er auflebte, nachdem er diese doppelte Belastung losgeworden war. Gesunder Schlaf stellte sich ein und ein froher Mensch konnte wieder an seine Arbeit gehen.

«Nie handelt man verkehrt, wenn man das Rechte tut» und in allem seinem Gewissen folgt und sich Gottes Weisungen öffnet.

Umkehr bewirkt Heil

Von Anfang an hat Jesus die Menschen aufgerufen, sich Gottes Liebe zu öffnen: *«Das Reich Gottes ist nahe. Kehrt um und glaubt an das Evangelium» (Mk 1,15). «Reich Gottes»* meint das königliche Regieren Gottes. Gott will die Heilskraft Seiner «Regierung» offenbaren.

«Nahe» bedeutet «in der Hand befindlich». Jesus sagt also: Das Reich Gottes ist hier und jetzt da. Es liegt auf der Hand. Es ist sichtbar und greifbar, ihr braucht nur aufmerksam hinzuschauen und zuzugreifen.

«Kehrt um» bedeutet wortgetreu aus dem Griechischen übersetzt: «Denkt um!» oder: «Ändert eure Sicht, euer Denken, eure Einstellung!» Lasst euch umpolen. Mit «kehrt um» sagt Jesus in etwa: Verabschiedet euch von euren Vorstellungen und Erwartungen wie Gott sein und handeln müsste. Hört auf von euren Wünschen, Erwartungen und Vorstellungen auszugehen. Orientiert euch an einem neuen Zentrum. Stattdessen nehmt mit Offenheit und wachem Geist wahr, was Gott hier und jetzt wirkt. Lasst euch ganz und ohne Vorbehalt darauf ein.

«Evangelium» (griechisch: euangelion) eine Nachricht, die alle aufatmen lässt. Hier ist die gute, befreiende Nachricht über Gott gemeint, die höchst beglückende Botschaft, dass die Herrschaft des Königs der Welt hundertprozentige Liebe ist. Die Umkehr, zu der Jesus ruft, besteht also zuerst darin, dass wir zuerst unsere Sicht von Gott ändern und zwar dahin, dass Er für uns das Erstrebenswerte-

ste wird. Er ist in allen Situationen der grösste Gewinn. Je mehr wir uns Ihm öffnen, umso besser für uns und alle.

Diese geänderte Sicht führt zur Entscheidung, Ihm, dem himmlisch-liebenden Vater, in allem zu vertrauen. *«Glaubt an das Evangelium!»* heisst: Vertraut Gottes Fürsorge und Liebe. Vertraut, dass Er nur das Bestmögliche in jeder Situation für euch will. Vertraut, dass der himmlische Vater der beste Verbündete eures Lebensglückes ist. Polt euer ganzes Leben auf Ihn hin aus, so dass Er in allen Bereichen das «Sagen» hat.

Das Wesen der Sünde

Von da her erschliesst sich der innerste Kern der Sünde. Das Wort «Sünde» kommt von Sondern, Absondern, Trennen, Abspalten. Der innerste Punkt der Sünde ist das Miss-Trauen; das Misstrauen in Gottes Liebe und Führung. Als Folge davon trennt sich der Mensch von Gott und Seinen guten Weisungen (Geboten). Er sucht auf seinen eigenen Wegen sein persönliches Glück. Misstrauen bewirkt den Riss der Sünde.

Folgen der «Sünde»

Sünde hat Folgen auf alle Bereiche des Lebens. Theologisch bewirkt die Sünde die Trennung des Menschen von der Liebesgemeinschaft Gottes. Damit verbunden ist der Verlust von Leben in Fülle.

Psychologisch erfährt der Mensch eine Trennung, Spaltung in sich selbst, eine Art Selbstentfremdung. Sünde ist etwas, was den Menschen in seinem Wesen deformiert.

Soziologisch wirkt die Sünde zerstörerisch auf die Gemeinschaft der Menschen. Isolation und Unmenschlichkeiten aller Art sind die Folgen.

Ökologisch wird Sünde als Trennung des Miteinanders von Mensch und Mitwelt (Umwelt/Natur) erfahren. Die Folgen sind Umweltzerstörung und Störung des ganzen ökologischen Systems.

In besonderer Weise will Gott uns im Busssakrament von Sünde und den Folgen der Sünde heilen. Gerade in unserer Schwäche will uns Jesus hier immer neu von allem Unheilen herauslösen und diesen Heilungsprozess verstärken. Als Folge davon wächst die Gottesfreundschaft in uns und Gottes Liebe, Gottes Heil und Ordnung,

Gottes Freude und Friede durchdringen nach und nach unser Sein und alle unsere Beziehungen. Der Heilungsprozess setzt ein und wir spüren ein Heilwerden in und um uns.

5.2.4. Eine Katechese zum Sakrament

In einer traditionellen Katechese wurde der Weg des Busssakramentes – vom Beitrag des Beichtenden aus gesehen – mit fünf «B» bezeichnet. Dem wollen wir in der folgenden Katechese nachgehen.

1. Besinnen

Die edelste Motivation zur Beichte besteht nicht darin, dass wir eine Entlastung, ein gutes, befreiendes Gefühl erstreben, sondern im Wunsch, in der Liebe zu wachsen. Von daher ist es hilfreich, in regelmässigen, überschaubaren Abständen innezuhalten und eine Art «Revision de la vie», einen kritischen Blick auf mein Leben zu werfen.

Bei der Besinnung ist es notwendig, alle Probleme und auch schwierige und gestörte Beziehungen ehrlich zu betrachten und anzugehen. Die Grundfrage muss sein: Was wünschst DU anders in meinem Leben? Ebenso muss ich mir die Fragen stellen: Wo lebe ich nicht die ganzen Möglichkeiten meiner Berufung und wo haben sich Nachlässigkeit oder faule Kompromisse eingeschlichen?

Jesus sagte: *«Die Wahrheit wird euch befreien» (Joh 8,33).* Da begegnen wir oft einem Zwiespalt in uns: Wir sehnen uns nach wirklicher Befreiung, doch zugleich wollen wir oft allen Ernstes nicht die ganze Wahrheit kennen. Instinktiv erahnen wir, dass die Wahrheit uns zwar frei, zugleich aber auch klein macht. Klein, weil wir uns als «Sünder» erfahren… und dies wollen wir ja gerade nicht sein. Hier können wir auf einen Widerstand in uns stossen, der auch als Stolz bezeichnet werden kann. Diesen Widerstand gilt es zu überwinden. Dann kommen wir zum nächsten Schritt.

2. Bereuen

Das deutsche Wort «Reue» kommt von «Trauer, seelischer Schmerz, Kummer» und weist auf einen emotionalen Schmerz hin. Doch einen emotionalen Schmerz kann man nicht erzwingen. So kann man hören: «Ich kann den sexuellen Fehltritt nicht bereuen. Denn die Erfahrung mit dieser Frau war wunderschön.»

Doch auch in dieser Situation kann es zur Reue kommen, wenn die betreffende Person sich fragt: Was bedeutet dies für meine Frau, für unsere Ehe? Was passiert, wenn ich diese Beziehung fortsetze? Was bewirkt dies tief in mir? Was bewirkt dieses Fehlverhalten in der Seele der anderen? Leben alle so die Fülle ihrer persönlichen Sendung?

Bei der Reue ist die Erkenntnis entscheidend: Ich habe nicht nach Gottes Willen, nicht zum Wohl des Nächsten und nicht zu meinem Heil gelebt. Ich habe Gott damit nicht geehrt, Ihm keine Freude gemacht. Aus dieser Erkenntnis wächst das Nein zur begangenen Tat.

Die Reue, die echte Umkehr des Menschen, ist das Entscheidende beim ganzen Weg. Denn ohne Umkehr kann uns Gott die Schuld nicht vergeben. Ohne Umkehr gibt es keine Heilung und keine Erneuerung!

3. Bekennen

Bildlich gesprochen kommen wir nun zu Jesus Christus zum Kreuz, dem Ort der Versöhnung und Heilung: Denn *«er hat den Schuldschein, der gegen uns sprach, durchgestrichen und seine Forderungen, die uns anklagten, aufgehoben. Er hat ihn dadurch getilgt, dass er ihn an das Kreuz geheftet hat» (Kol 2,14).* Er hat die Schuld für uns bereits getragen. Nun dürfen wir Ihm die Last der Schuld «abgeben». Er will sie uns abnehmen, damit wir von der Last frei werden.

Hier – wie in allen Sakramenten – begegnen wir Jesus Christus, vermittelt durch den Priester. Deshalb trägt der Priester bei der Sakramentenspendung eine Stola. Er repräsentiert einen anderen. Er tritt hinter diesen anderen, hinter Jesus Christus, zurück.

Im Bekenntnis legen wir unsere Schuld in die Hände Jesu, der sie bereits am Kreuz für uns getragen hat. Er nimmt sie auf sich, damit wir davon frei werden. Das Bekenntnis wird dann mit einem kurzen Reuegebet abgeschlossen, so zum Beispiel: «Jesus, verzeihe mir alle diese Sünden, heile mein Leben und gestalte mich so, wie Du mich haben möchtest.» Oder ganz einfach: «Mein Jesus, Barmherzigkeit».

Nach einem Gespräch erteilt der Priester die Absolution. «Absolution» bedeutet: Lossprechung und Loslösung. Christus selbst spricht mich von der Schuld frei. Der Ritus sieht dafür die Handauflegung vor. Wenn der Priester dem Beichtenden die Hände auflegt, dann will er damit zum Ausdruck bringen, dass dieser von Jesus bedingungslos angenommen ist, auch in seiner Schuld.

Die Lossprechungsformel lautet: *«Gott, der barmherzige Vater, hat durch den Tod und die Auferstehung Seines Sohnes die Welt mit sich versöhnt und den Heiligen Geist gesandt zur Vergebung der Sünden. Durch den Dienst der Kirche schenke Er dir Verzeihung und Frieden. So spreche ich dich los von deinen Sünden im Namen des Vaters und des Sohnes und des Heiligen Geistes. Amen.»* In der Lossprechung geschieht etwas, was kein Mensch einem anderen zusprechen kann: die Gewissheit der Vergebung. Durch das Wort des Priesters: *«Ich spreche dich los ...»*, weiss der Beichtende, dass ihm von Gott her vergeben ist – für immer! Und zwar so sehr, dass sich Gott an diese Sünden nicht mehr erinnern «kann». Sie sind nicht mehr existent, begraben im Tod Jesu für immer.

4. Büssen – Wiedergutmachung

Doch die Wirkungen der Sünde lösen sich nicht in Luft auf, auch dann nicht, wenn die Sünde vergeben wurde. Wenn jemand zum Beispiel mir bösartig eine Beule ins Auto gemacht hat, so kann ich ihm verzeihen. Die Sünde ist vergeben. Aber damit ist die Folge der Sünde noch nicht behoben. Den Schaden am Auto muss der andere wieder in Ordnung bringen.

Sünde hat Folgen. Jede Sünde senkt sich in das menschliche Miteinander und verdirbt ein Stück Welt. Sie verstärkt den Unheilszusammenhang. Die Folgen der Sünde müssen also aufgearbeitet werden, damit die Ursachenkette, das durch die Sünde verletzte Stück Welt, wieder in Gottes Ordnung hineinfinden kann.

Bei der Busse geht es um das Eintreten für die Folgen der Sünde. Die Busse, die Wiedergutmachung besteht darin, dass ich das, was an mir liegt, in der Beziehung zu mir selbst, zu den Menschen, zur Gesellschaft und Kirche in Ordnung bringe: Was gibt es zu klären? Wo habe ich etwas (Gestohlenes) zurückzugeben? Wie kann ich die Verletzung wieder «gut» machen? Und je grösser die Sünde, umso mehr braucht es die Wiedergutmachung, die Busse.

5. Bessern – Vorsatz

Nun stellt sich die Frage: Was kann mir helfen, innerlich weiterzukommen? Was kann mir helfen in Zukunft mich und andere nicht mehr zu verletzen? In diesem Sinn ist ein Vorsatz eine wertvolle Hilfe. Pater Anselm Grün spricht in diesem Zusammenhang von einem «Übungsprogramm». Ein solches «Übungsprogramm» will an die Wurzeln herangehen und den Blick auf die Gnade lenken, die uns helfen will, Schwächen zu überwinden und als neue Menschen zu leben.

Gottes Vergebung und Frieden annehmen

In der vorangehenden Katechese haben wir den Blick auf den Beitrag des Beichtenden gelenkt. Nun muss jedoch das Wesentliche betrachtet werden – die Liebe Gottes und Sein Wunsch, uns zu vergeben und zu heilen. Das Gleichnis vom barmherzigen Vater spricht von der unglaublichen Freude Gottes, zu vergeben *(vgl. Lk 15,20–25)*.

Als Erstes erfährt der zurückkehrende Sohn die übergrosse Freude des Vaters. Vielleicht hat er auf dem Weg nach Hause alle möglichen Szenarien in seinen Gedanken durchgespielt: wie der Vater möglicherweise reagieren könnte; und wie er dann wiederum darauf antworten würde. Aber dass der alte Vater voller Freude auf ihn zulaufen und ihn umarmen würde, das war für ihn undenkbar.

Der Vater umhüllt den Sohn mit seiner Liebe wie mit einem Festgewand. Der Vater spricht mit Worten von «Freude», «Fest», «Sohn», «Kind» und «wieder lebendig», während der Sohn von «Hunger», «Elend», «Schoten» «Schweinen» und von «Tagelöhner» redet. Jetzt wird der Sohn in die Welt des Vaters aufgenommen und völlig rehabilitiert! So erhält der Sohn durch die Hand der Diener des Vaters (Priester) das Festgewand, sowie Siegelvollmacht und Schuhe zurück. Alle Erinnerungen an die eigene Sünde und an die schmerzhafte Vergangenheit sollen «zugedeckt», völlig geheilt werden. Der Sohn soll sich neu, rehabilitiert und angenommen fühlen.

Die Begegnung Jesu im Busssakrament schenkt über alles Versagen und alle Sünde hinweg den österlichen Frieden. Ein reines Gewissen in der Einheit mit Gott und den Menschen ist das kostbarste Geschenk. Nichts – auch verschiedene Schmerzen – kann Heil bringender sein, als dieser göttliche Friede.

5.3. Heilung durch die Eucharistie

Ein Vater war mit seinem Sohn in der Messe. Nachher sagte der Sohn: «Papa, das isch wieder stinklangwilig gsi» (Vater, das war wieder einmal sehr langweilig). Ist das nicht die Erfahrung vieler Menschen: Die Messe, die Eucharistiefeier «bringt» ihnen scheinbar nichts. Und dennoch gibt es Menschen, denen die Eucharistiefeier die grosse Kraftquelle ihres Lebens ist. Wie kann es dazu kommen?

Eine unerwartete Heilung

Frau Irmgard Scholz erzählt, wie auf ihrer Suche nach einem vertieften Glauben mit 46 Jahren die Erfahrung in einer Eucharistiefeier sie tief berührte und für ihr weiteres Leben prägend war:

Gesundheitlich war ich damals sehr angeschlagen – insbesondere ein Hörschaden auf dem linken Ohr beeinträchtigte meinen Alltag. Dauernd anhaltende Ohrgeräusche sowie ein teilweiser Hörausfall machten mir ziemlich zu schaffen.

Zum Sonntagsgottesdienst ging ich zwar jetzt wieder regelmässig, aber das «reichte» auch. So traf es mich völlig unvermittelt, als ich an einem Mittwochabend - wie an jedem Mittwoch um diese Zeit - das Glockengeläut hörte und in mir ein ganz starkes Drängen verspürte, zur Messe zu gehen. Mir wurde ganz wirr im Kopf: «Ich habe mich doch gerade zum Musizieren hingesetzt – und das bedeutet mir so viel! Und überhaupt – wer geht denn schon am Werktag zur Messe?! Falle ich da nicht auf? Ist das nicht eher komisch – ich bin da doch ziemlich fremd!» Die Gedanken rasten im meinem Kopf – aber das geheimnisvolle Drängen in meinem Herzen blieb. Ja, es wurde immer stärker. So setzte ich mich denn doch ins Auto und fuhr zur Kirche – mit mulmigem Gefühl. Gerade noch pünktlich zu Beginn der Eucharistiefeier kam ich an.

Innerlich mich etwas fremd fühlend, feierte ich die Messe mit, die von ihrer Gestaltung her sehr schlicht war. Doch dann – kurz nach der Wandlung – geschah es: Ein eigenartiges, völlig unbekanntes Empfinden ergriff mich, und augenblicklich waren meine Ohrgeräusche weg. Einfach weg! Und auch der so störende Druck auf dem linken Ohr war verschwunden. Ich konnte, ich wollte meiner Wahrnehmung und meinem eigenen Empfinden nicht trauen! Das konnte doch nicht wahr sein! Dennoch: Die Ohrgeräusche waren und blieben verschwunden, und meine beiden Ohren fühlten sich völlig gleichartig an. Zudem konnte ich tadellos hören! Das hatte es ja schon seit Jahren nicht mehr gegeben!

Noch viel intensiver als die Veränderung in meinem linken Ohr war das, was in meinem Innern geschah: Ich war in einer Weise gesammelt, wie ich es vorher nicht gekannt hatte. Mit Worten ist das nicht zu beschreiben. Ich spürte in mir eine unvorstellbare, aber beglückende Tiefe. Mein Inneres wurde verändert – ich war wie benommen und zugleich innerlich zutiefst erfüllt. Vaterunser, Kommunionempfang, das Ende des Gottesdienstes – alles erlebte ich in einer ungewohnten Intensität und Sammlung. Mir war, als sei in meinem Innern eine Macht, die mich wie ein starker Magnet zur Sammlung - genauer: zu sich hin – zog.

Nach dem Gottesdienst fuhr ich – fast wie benommen – wieder nach Hause und zog mich dort zurück. Zutiefst erfüllt war ich – und zugleich verwirrt: Sollte das alles wahr sein? Gibt es das denn wirklich, dass Gott «so einfach» heilt?! Bildete ich mir das vielleicht nur alles ein?

Irgendwann entschloss ich mich, einen mir sehr vertrauten Priester anzurufen. Stockend berichtete ich das, was ich erfahren hatte. Ruhig und gesammelt hörte er mir zu und sagte dann: «Das gibt es, Frau Scholz.»

Diese knappen Worte «Das gibt es, Frau Scholz» brachten meine Unsicherheit und meine Zweifel zum Schweigen. Jetzt erst war ich in der Lage, Gottes Geschenk anzunehmen und an meine Heilung zu glauben. Jetzt erst konnte ich das, was ich an mir erfahren hatte, tatsächlich für wahr halten! Mein Ohr war geheilt – aber noch viel wichtiger war und ist etwas anderes: Gott hatte auch mein Inneres verwandelt. Er hatte mir einen neuen Zugang und eine tiefe Liebe zur Eucharistie geschenkt. Gott hatte mich hellhörig gemacht – nicht nur auf dem linken Ohr, sondern auch im Herzen. Und Er hat seitdem meine Liebe zur Eucharistie noch weiter wachsen lassen.

Die Eucharistiefeier aktiv mitleben

Irmgard Scholz hat das erfahren, was die Kirche immer wieder zum Ausdruck bringt: Die Eucharistie ist das grosse Geheimnis des Glaubens, Quelle und Höhepunkt des christlichen Lebens. Denn in der Eucharistiefeier versammelt sich die Kirche um Jesus, ihren Freund, Erlöser, Herrn und Hohenpriester. Jesus Christus selbst feiert mit uns, repräsentiert durch den Priester. Er versöhnt uns. Er spricht zu uns. Er nimmt uns hinein in Seine Liebeshingabe an den Vater. Er nährt und stärkt uns in der Kommunion. Und Er sendet uns.

Damit wir durch die Eucharistiefeier die Heilskraft Jesu Christi erfahren, genügt es nicht, bei der Liturgie bloss dabei zu sein. Vielmehr braucht es unser offenes Herz, wie bereits das Zweite Vatikanische Konzil betont: «Ehe die Menschen zur Liturgie hintreten können, müssen sie zu Glauben und Bekehrung aufgerufen werden.» Nur so ist es möglich, «dass sie mit der himmlischen Gnade zusammenwirken» (Konstitution über die heilige Liturgie, Art. 9 und 11).

Das zeigt: Wir werden die Heilskraft Jesu Christi in der Eucharistiefeier dann erleben, wenn wir mit gereinigtem Gewissen und lebendigem Glauben an dieser Feier teilnehmen. Um was geht es bei dieser Feier?

In den offiziellen Messetexten wird die Eucharistiefeier, die Heilige Messe mit folgenden Worten bezeichnet: Wie feiern (oder begehen) das «Opfer Christi», das «Gedächtnis des Herrn», das «Gedächtnis des Todes und der Auferstehung Christi», das «Gedächtnis der Erlösung», das «Vermächtnis Seiner Liebe», das «Opfer der Versöhnung», das «Mahl der Liebe» und andere mehr.

Ich möchte im Folgenden nur auf zwei Hauptakzente[34] dieser Feier hinweisen: das Geheimnis der Erlösung und die Heilskraft der Heiligen Kommunion.

5.3.1. Das Geheimnis der Erlösung

Im vierten Hochgebet betet der Priester die folgenden Einsetzungsworte: «So bitten wir Dich, Vater: der Geist heilige diese Gaben, damit sie uns werden Leib und Blut unseres Herrn Jesus Christus, der uns die Feier dieses Geheimnisses aufgetragen hat als Zeichen des ewigen Bundes.

Da Er die Seinen liebte, die in der Welt waren, liebte Er sie bis zur Vollendung. Und als die Stunde kam, da Er von Dir verherrlicht

[34] Die ganze Feier der Eucharistie ist ein Wandlungs- und Heilungsweg. Mehr dazu und die Erklärung der Riten können in: «Eucharistie – Ein Weg der Wandlung, Teilnehmerheft mit Liturgie-Erklärungen» und «Eucharistie – Ein Weg der Wandlung, Lesebuch», sowie in «Christus in der Kirche, Katholische Schätze entdecken», nachgelesen werden. (Vgl. Seite 167–168).

werden sollte, nahm Er beim Mahl das Brot und sagte Dank, brach das Brot, reichte es Seinen Jüngern und sprach: *Nehmet und esset alle davon: Das ist mein Leib, der für euch hingegeben wird.* Ebenso nahm Er den Kelch mit Wein, dankte wiederum, reichte den Kelch Seinen Jüngern und sprach: *Nehmet und trinket alle daraus: Das ist der Kelch des neuen und ewigen Bundes, mein Blut, das für euch und für alle vergossen wird zur Vergebung der Sünden. Tut dies zu meinem Gedächtnis.»*

Beim letzten Abendmahl nahm Jesus zeichenhaft (sakramental) Seinen Tod am Kreuz vorweg. Darum ist in jeder Eucharistiefeier in diesem Moment «das Drama von Golgota lebendig gegenwärtig» (Papst Johannes Paul II.). Dort hat Jesus all unsere Krankheiten, Leiden und Wunden getragen. Ja noch mehr: Er nahm alle Gottlosigkeit, die Sünde und Schande der ganzen Welt auf sich und starb damit.

Dieses einmalige Opfer Jesu Christi am Kreuz wird gegenwärtig und wirksam. Vor diesem Geheimnis der Liebe knien wir anbetend und staunend nieder. Die Ministrant(inn)en läuten, damit niemand diesen heiligen Moment verpasst! Aber nicht nur das.

Ort der universellen Heilung

In jeder Eucharistiefeier werden die Menschwerdung Jesu, Sein verborgenes Leben und öffentliches Wirken, die Gegenwart Seiner Macht der Heilung und Befreiung, Sein Sterben, Seine Auferstehung, Seine Geistsendung und die Erwartung Seiner Wiederkunft in Herrlichkeit wie in einem Kulminationspunkt gegenwärtig. Und dieses Sein umfassendes Erlösungswerk wird nun wirksam für alle, die sich ihm glaubend öffnen.

Ein mir befreundeter Diakon geht täglich, wenn und wo immer möglich, zur Eucharistiefeier. Dabei legt er jeweils voll Glauben Kranke, schwierige und unheilvolle Situationen, ja selbst Verstorbene und vieles mehr ins Opfer Jesu. Er bittet Jesus Christus, in der heilenden und erlösenden Kraft Seiner Liebe jetzt zu handeln und natürlich auch in seinem eigenen Leben. Zugleich legt er sich selbst ins Opfer Jesu Christi, damit sein Leben immer mehr ein *«lebendiges und heiliges Opfer»* werde, *«das Gott gefällt» (Röm 12,1).* Am Ende des Gottesdienstes dankt er voll Glauben für das, was Jesus Christus getan hat und noch tun wird. Damit, so sagt er, sei seine Hauptaufgabe des Tages erfüllt.

In den Evangelien lesen wir oft, dass Menschen aus dem Volk Kranke zu Jesus gebracht haben. Einmal schlugen sie gar in einem Haus die Decke durch (vgl. Mk 2,4), damit sie den Kranken zu Jesus bringen konnten. So gross war ihr Glaube, dass Jesus diesen Kranken heilen würde. Heute ist die Eucharistiefeier der «Ort», wo Jesus am intensivsten unter uns gegenwärtig ist. Und wie antwortet Jesus auf unser Vertrauen? *«Als Jesus ihren Glauben sah, sagte er zu dem Gelähmten: Mein Sohn, deine Sünden sind dir vergeben!» (Mk 2,5).* Wie Jesus auf den Glauben der Träger dieses Gelähmten gehandelt hat, so auch entsprechend unserem Glauben. Dies auch dann, wenn die «Resultate» nicht gleich offensichtlich sind.

Heilung von «Erblasten»

Hier kann noch auf einen weiteren Aspekt hingewiesen werden: Erbbelastungen. Wenn ein Mensch gezeugt und geboren wird, erbt er viel Gutes von seinen Eltern und Vorfahren. Wir sprechen manchmal bei einem Kind davon, dass es den einen Charakterzug von der Mutter, beziehungsweise des Grossvaters oder umgekehrt geerbt hat. Ebenso von besonderen Gaben und Verhaltensweisen, wie auch von körperlichen Eigenschaften.

Aber nicht nur Gutes, auch körperliche wie charakterliche Schwächen und Defizite können «geerbt» werden. In diesem Sinn spricht man heute auch von Erbkrankheiten. Die heutige Medizin sucht nach Wegen, um über Embryonen in die Gene des Erbgutes von Menschen vorzustossen, um von Erbbelastungen zu heilen.

Vergleichbares kann im psychischen wie im geistlichen Bereich des Menschen festgestellt werden. Deshalb versucht man in manchen esoterischen Kreisen, die an die Reinkarnation glauben, durch so genannte Rückführungstherapien[35] ins «frühere Leben», Heilung von Erblasten zu erreichen. Von Erbbelastungen spricht auch die Bibel. Denn Schuld hat Folgen. So kann unerlöste Schuld negativ in den Nachkommen weiterwirken. *(Vgl. zum Beispiel Ex 20,5–6).* Die weiterwirkenden Folgen der Sünde der Vorfahren werden auch als «Fluch» bezeichnet. Die frohe Botschaft besteht darin, dass Jesus in

[35] Diese und andere Arten von Rückführungstherapien lehnt der christliche Glaube ab, weil es nicht zur wahren Heilung verhilft und es zudem nach dem christlichen Glauben die Reinkarnation gar nicht gibt. Näheres dazu in «Reinkarnation und Auferstehungsglaube» WeG Verlag.

Seinem Tod am Kreuz auch alle Folgen der Sünde (also den «Fluch der Sünde») auf sich genommen und Erlösung geschenkt hat.

Wenn wir für die verstorbenen Vorfahren beten, bitten wir besonders bei der Eucharistiefeier, dass die Gnade der Erlösung Jesu Christi ihr Leben ganz durchdringe und heilige. Da die Erlösung auch die Folgen der Schuld der Vorfahren beinhaltet, «fallen» damit auch geistliche Belastungen[36] von den Nachkommen ab. Der «Ort», wo dies am wirksamsten geschieht, ist die Eucharistiefeier, in der ja die Erlösung gegenwärtig und wirksam wird. In diesem Sinn können Heilige Messen für die Verstorbenen selbst für die Lebenden heilende Wirkung haben, indem sie dadurch manchmal von unerklärlichen Belastungen Befreiung erfahren.

5.3.2. Der Empfang der Heiligen Kommunion

Vor jedem Kommunionempfang zeigt der Priester uns den Leib Christi und wiederholt das, was Johannes der Täufer sagte, als er Jesus zum ersten Mal sah: *Seht, das ist das Lamm Gottes, das hinweg nimmt, die Sünde der Welt. (Vgl. Joh 1,29).* Wir antworten mit dem leicht abgeänderten Wort des heidnischen Hauptmannes: *Herr, ich bin nicht würdig, dass du eingehst unter mein Dach, aber sprich nur ein Wort, so wird meine Seele gesund.*

Wenn wir vor dem Empfang des Leibes und Blutes Jesu dieses Gebet beten, dann geht es um die Haltung, die den heidnischen Hauptmann beseelte. Zuerst die Wertschätzung. Wir bekennen: Was uns jetzt geschenkt wird, ist ein unverdienbares Geschenk, über das wir nur staunen und uns freuen können. Das Gebet ist weiter ein Ausdruck unseres Vertrauens: «Jesus komm zu mir, sprich das Kranke, das Unheile, das Verhärtete in mir an. Sprich nur ein Wort. Du kannst mich wandeln. Ich vertraue auf Deine Macht, auf Dein Wirken, auf Deine Gnade. Du kannst mich und all meine Beziehungen heil machen.»

In der Danksagung nach der Kommunion nehmen wir die heilende Gnade Jesu Christi bewusst an. Wir dürfen nun Jesus an uns und in uns handeln lassen. Wir können Ihm alle unerlösten Bereiche, Spannungen, Verhärtungen, Wunden hinhalten, damit Er diese aufbreche, durchdringe, wandle und heile. Unser Geist, unser Kör-

[36] Manchmal spricht man in diesem Zusammenhang auch von Stammbaum- oder Generationenheilung.

per, unsere Gefühle, unser Unbewusstes, unser Frau-Sein, unser Mann-Sein usw., ja unser ganzes Sein soll von Ihm so durchdrungen und gewandelt werden, dass Seine Liebe und Sein Friede durch alles hindurch strömt und durch alles hindurch strahlt.

Die Nährkraft Jesu

Im frühesten Text über die Eucharistie (ca. 55 n. Chr.) schreibt Paulus unter anderem wie wir die Heilige Kommunion empfangen sollen: *«Sooft ihr von diesem Brot esst und aus dem Kelch trinkt, verkündet ihr den Tod des Herrn, bis er kommt. Wer also unwürdig von dem Brot isst und aus dem Kelch des Herrn trinkt, macht sich schuldig am Leib und am Blut des Herrn. Jeder soll sich selbst prüfen; erst dann soll er von dem Brot essen und aus dem Kelch trinken. Denn wer davon isst und trinkt, ohne zu bedenken, dass es der Leib des Herrn ist, der zieht sich das Gericht zu, indem er isst und trinkt. Deswegen sind unter euch viele schwach und krank und nicht wenige sind schon entschlafen» (1Kor 11,26–30).* Wenn Paulus darauf hinweist, dass der unwürdige Empfang des Leibes Christi *«schwach und krank»* macht, so gilt erst recht das Umgekehrte. Der würdige Empfang stärkt und heilt.

Von der grossen Nährkraft Seines Leibes und Blutes spricht Jesus im Johannes-Evangelium in der grossen Brotrede (6,22–59). Dort werden *drei Arten von Brot* erwähnt. Zuerst spricht Jesus vom Brot in der Wüste: dem Manna (vgl. 6,31–32.59). Anschliessend spricht Jesus vom Brot, das Er selbst ist (vgl. auch 6,35) und vergleicht die Wirkung der beiden Brote: *«Ich bin das Brot des Lebens. Eure Väter haben in der Wüste das Manna gegessen und sind gestorben. So aber ist es mit dem Brot, das vom Himmel herabkommt: Wenn jemand davon isst, wird er nicht sterben. Ich bin das lebendige Brot, das vom Himmel herabgekommen ist. Wer von diesem Brot isst, wird in Ewigkeit leben» (Joh 6,45–51).*

Darauf spricht Er von der dritten Art: *«Ich bin das lebendige Brot, das vom Himmel herabgekommen ist. Wer von diesem Brot isst, wird in Ewigkeit leben. Das Brot, das ich geben werde, ist mein Fleisch,* (ich gebe es hin) *für das Leben der Welt» (Joh 6,51b).* Ins Unverständnis Seiner Zuhörenden hinein bezeugt Jesus: *«mein Fleisch ist wirklich eine Speise und mein Blut ist wirklich ein Trank. Wer mein Fleisch isst und mein Blut trinkt, der bleibt in mir und ich bleibe in ihm. Wie mich der lebendige Vater gesandt hat und wie ich durch den Vater lebe, so wird jeder, der mich isst, durch mich leben» (Joh 6,55–57).*

Erfahrungen

Wie sehr die Eucharistie nicht nur die himmlische Gesundheit nährt, sondern auch unseren physischen Körper, zeigen verschiedene Menschen, die nur vom Empfang der Eucharistie gelebt haben.

Bruder Klaus von Flüe (1417–1487) lebte die letzten 20 Jahre ausschliesslich von der Heiligen Kommunion. Bruder Klaus bezeugte einmal, «wenn er einen Priester kommunizieren sehe, erhalte er eine solche Kraft, dass er ohne Essen und Trinken sein könne».

Ein anderes Beispiel ist Marthe Robin (1902–1981), ein einfaches Bauernmädchen. Eine Typhuserkrankung im zweiten Lebensjahr schwächte ihre Gesundheit bleibend. Ab dem Jahre 1928 war Marthe bettlägerig. Sie litt ununterbrochen an rheumatischen, an Kopf- und Magenschmerzen. Sie vertrug kein Licht, konnte keine Nahrung mehr aufnehmen und kaum mehr schlafen. Sie war total auf Pflege angewiesen und lebte während 50 Jahren ausschliesslich von der Heiligen Kommunion.

Von ihr ging ein gewaltiger Segen aus. Bezeichnenderweise konzelebrierten vier Bischöfe und mehr als 200 Priester beim Requiem am 12. Februar 1981, zudem zahlreiche Gläubige in den kleinen französischen Ort Chateauneuf de Galaure gepilgert waren. Mehr als 6000 Gläubige wohnten dem Gottesdienst bei.

Jesus wächst in mir

Ich gehe zur Kommunion, sagen wir oftmals dazu. Doch eigentlich ist es umgekehrt. Im Grunde nehmen nicht wir Jesus in uns auf, sondern Jesus nimmt uns in sich auf und integriert uns tiefer in Seinen Leib. Er nimmt uns hinein in die Bewegung Seiner Liebe.

Paulus sagt: *«Christus lebt in mir» (Gal 2,20).* In der Kommunion machen wir uns eins mit Jesus in uns. Jesus tut uns von innen her gut. Wir dürfen Seine Kraft, Seinen Mut, Seine Entschiedenheit, Sein Vorangehen, Seine Weite, Seine Treue, Seine Leidensfähigkeit, Seine Schmerzensbereitschaft, Sein Einstehen für die Wahrheit, Seine Liebe zu unseren Gegnern, Seine Leidenschaft für das Reich Gottes, Sein Feuer, Seinen Frieden in Scheitern und Erfolglosigkeit, Seine Offenheit für alle Menschen, … bewusst in uns annehmen und Fleisch und Blut werden lassen.

Wir verbinden uns mit dem in uns, der «Herr» über alles und alle ist. Oder wie Johannes sagt: *«Er, der in euch ist, ist größer als jener, der in der Welt ist» (1. Joh 4,4).* Jesus wächst in uns. Durch Ihn in uns werden wir stark in der Liebe, stark im Vertrauen, stark in der Treue. *«Dies habe ich zu euch gesagt, damit ihr* ***in mir*** *Frieden habt. In der Welt seid ihr in Bedrängnis; aber habt Mut: Ich habe die Welt besiegt» (Joh 16,33).* So entfaltet sich die Kraft Jesu in uns und die himmlische Gesundheit wächst.

6. Heilung durch das Gebet

Lukas erzählt, dass viele Menschen zu Jesus kamen. *«Alle Leute versuchten, ihn zu berühren; denn es ging eine Kraft von ihm aus, die alle heilte» (Lk 6,19).*

Der Auftrag zu heilen

Diese heilende Kraft hat Jesus weitergegeben. So hat Jesus die Apostel beauftragt, Seinen Heilungsdienst weiterzuführen. *«Die Zwölf machten sich auf den Weg und riefen die Menschen zur Umkehr auf. Sie trieben viele Dämonen aus und salbten viele Kranke mit Öl und heilten sie» (Mk 6,12–13 vgl. auch Lk 9,1–2).*

Nach Seiner Auferstehung von den Toten hat Er den Heiligen Geist gesandt. In der Kraft dieses Geistes Jesu wirkten die Apostel. Und wiederum geschahen Wunderheilungen, Befreiungen, usw. durch die Apostel und anderen Jünger. Das löste Erstaunen, ja Furcht aus: *«Alle wurden von Furcht ergriffen; denn durch die Apostel geschahen viele Wunder und Zeichen» (Apg 2,43).*

Das Ende des Markus-Evangeliums, das später hinzugefügt wurde, zeigt, dass in der Urkirche Heilungen zum normalen Leben einer christlichen Gemeinde gehörten: *«Und durch die, die zum Glauben gekommen sind, werden folgende Zeichen geschehen: In meinem Namen werden sie Dämonen austreiben; sie werden in neuen Sprachen reden, wenn sie Schlangen anfassen oder tödliches Gift trinken, wird es ihnen nicht schaden; und die Kranken, denen sie die Hände auflegen, werden gesund werden» (Mk 16,17–18).*

Um das Erbarmen Gottes in allen Dimensionen den Menschen zu schenken, wirkt Jesus in der Kirche heilend und befreiend weiter.

Dabei wird – wie Paulus betont – einigen Gläubigen «die Gabe, Krankheiten zu heilen» (1 Kor 12,9; vgl. auch 1 Kor 12,28) geschenkt. Solche «Gaben», auch Charismen genannt, werden vom Heiligen Geist geschenkt. Kein Mensch kann sie von sich aus erreichen, an andere weitergeben oder sich durch bestimmte Methoden ihrer bemächtigen. Gabe bleibt ungeschuldete Gabe.

Um Heilung beten

Jesus schenkt bis heute einzelnen Menschen das Charisma, Krankheiten zu heilen[37]. Diese Gabe ist auch durch die ganze Kirchengeschichte bezeugt. Auch wenn nicht alle die Gabe der Krankenheilung haben, so sind wir alle doch berufen, für Kranke zu beten, denn immer ist es der Heilige Geist, die Kraft Gottes, die heilt.

Francis MacNutt schreibt: «Jeder, der für Kranke beten will, muss wissen, dass es drei wesensverschiedene Krankheitsarten gibt; jede erfordert zu ihrer Heilung eine grundlegend andere Gebetsform[38]:

- Erkrankung des Geistes als Folge persönlicher Sünde;
- Seelische Erkrankungen (wie etwa Angst), ausgelöst durch psychische Störungen in der Vergangenheit;
- Körperliche Erkrankungen, verursacht durch Krankheit oder Unfall.

Zusätzlich können alle drei erwähnten Krankheitsarten – Sünde, psychische Störungen und körperliche Leiden – auch durch Bedrängnis von Dämonen verursacht sein. Diese andersartige Ursache erfordert dann auch ein grundlegend anderes Gebet, nämlich Exorzismus»[39] oder Gebet um Befreiung. Gaben der Erkenntnis helfen zu erkennen, welche Gebetsform in der jeweiligen Situation angebracht ist.

---

[37] Und dennoch gibt es keine christlichen Heiler. Jesus Christus allein ist der Heiler, eben der Heiland. Denn immer ist es Jesus Christus, der im Heiligen Geist heilt.

[38] «Eine Frau in den mittleren Jahren kann zum Beispiel darum bitten, von Arthritis geheilt zu werden (körperliche Heilung). Im Gespräch stellt sich heraus, dass sie in der Kindheit von ihrem Vater schwer verletzt wurde (seelische Heilung), dass sie ihm niemals vergeben konnte (Reue). Dadurch aber konnte sie keine echte Beziehung zu ihrem Ehemann finden (vermutlich seelische Heilung). Auf der Suche nach einem Ausweg hat sie an spiritistischen Sitzungen teilgenommen, bei denen ein 'Geister-Führer' aus dem Totenreich ihr Weisungen durch automatisches Schreiben gab (Befreiung).» Zitiert nach: Francis Mac Nutt, Die Kraft zu heilen. Durch Gebet und Meditation. Topos plus Taschenbücher. 2000 Verlag Styria-Graz. S. 117.

[39] Francis Mac Nutt: Siehe a.a.O. S. 115–116.

Auch wenn Einige besondere Gaben der Heilung haben, können alle Gläubigen für Kranke beten und sollen dies auch tun. Denn auf unser Gebet hin wirkt Gott und schenkt Sein Erbarmen. Manchmal werden den Kranken dabei auch die Hände aufgelegt.

Nun wollen wir zwei Heilungsgebete vorstellen, die man auch persönlich beten kann.

Heilung durch Mitgefühl: ein Gebet

Jesus Christus, in dem Gott selbst Mensch wurde, hat sich durch Seine Menschwerdung mit allen Menschen solidarisiert. Kein Mensch ist seither mehr ganz allein. In der Taufe am Jordan hat sich Jesus mit der ganzen Schuld der Menschheit solidarisiert und ist am Kreuz mit ihr gestorben. Das heisst positiv: Kein Mensch ist jemals in seinem Leid allein. Jesus ist immer bei uns und trägt alles mit.

Wir dürfen wissen: Jesus war in all unseren Lebensereignissen dabei und fühlte mit uns. Im Blick darauf können wir unsere Lebensgeschichte durchgehen, Ihm unsere Wunden hinhalten und sie Ihm anvertrauen. Im Blick auf Seine Liebe, die immer mit uns fühlte und fühlt, sowie im Blick auf Seine Wunden, können wir Heilung finden. Petrus schreibt: *«Durch seine Wunden seid ihr geheilt» (1 Petr 2,24).*

Heilung bedeutet nicht, dass unsere Wunden aus unserer Lebensgeschichte verschwinden. Aber aus offenen, schmerzenden Wunden können verheilte Wunden werden. Die Erinnerungen und die Narben bleiben. Doch sie schmerzen uns nicht mehr.

Das folgende Heilungsgebet[40] kann helfen, dass schmerzende Erinnerungen Heilung erfahren. Es kann öfters persönlich gebetet werden. Inhaltlich geht es besonders um das bewusste Annehmen der liebenden und mitfühlenden Gegenwart Jesu in unserem ganzen Leben. Durch das bewusste Annehmen und die wachsende innere Wahrnehmung, dass Jesus schon immer im Leben dabei war, kann Gottes heilende Gnade in unsere Vergangenheit hereinkommen. In schmerzenden Erinnerungen kann Schritt für Schritt die Empfindung des Schmerzes zurückgehen.

Dazu ist wichtig, überall dort, wo wir Unversöhntes in uns wahrnehmen, zu verzeihen. Verzeihen will immer konkret sein. Die ganz

[40] Einige Gedanken dieses Gebetes wurden aus der Hagiotherapie von Prof. Ivancic übernommen.

genaue, punktuelle Vergebung einer bestimmten Situation, eines Geschehnisses, eines Satzes, einer einzigen Handlung, vieler gleicher Handlungen… ist das, was tatsächlich zur Heilung führt. In diesem Sinn kann uns das folgende Gebet helfen, dass uns Situationen neu bewusst werden, die noch der Vergebung bedürfen.

Es kann hilfreich sein, dieses Gebet vor dem ausgesetzten Allerheiligsten zu beten, wo Jesus im Zeichen des Brotes in Seinem am Kreuz hingegebenen Leib gegenwärtig ist. Dort hat Er alle Leiden mit uns bereits getragen.

In der kurzen Stille nach den einzelnen Lebensphasen können wir Erinnerungen, die aufsteigen, vor Ihn bringen.

Jesus, ich danke Dir, dass Du jetzt hier bist.
Es ist schön, dass ich jetzt vor Dir sein darf.
Du liebst mich und verstehst mich ganz.

Jesus, ich bitte Dich, komme in diesen Moment,
in dem ich im Schoss meiner Mutter empfangen wurde.
Du warst dabei. Du hast mich gewollt!
Du hast gesagt: «Lebe! Ich will, dass du lebst!»
Du hast Dich auf mich gefreut!
Meine Empfängnis im Mutterschoss
war für Dich ein wunderbarer Augenblick.
Danke, dass Du mich wolltest!

Jesus, nun lege ich in Deine Hände
die neun Monate im Schoss meiner Mutter.
Du warst bei mir, Jesus, ob meine Mutter mich gewollt hat, oder nicht,
ob sie krank war, ob sie murrte, was auch immer war.
Du weisst es. Denn Du warst dabei.
Du hast immer zu mir gesprochen: «Lebe!
Ich will, dass du lebst! Ich will dich!»
Und Du hast Dich gefreut auf mein Kommen.
Ich bin ein gewünschtes Kind. Durch und durch geliebt.
Ich habe ein Recht auf das Leben in dieser Welt!
Ich darf mich allen zeigen.

Jesus, nun übergebe ich Dir die Zeit meiner Geburt.
Wie die Geburt auch war: Du hast gesprochen: Ich will, dass du lebst!

Danke, wenn mich meine Eltern gewollt haben
und wenn mich viele Menschen gewollt haben.
Danke vor allem, dass Du mich gewollt hast!

Jesus, nun lege ich in Deine Hände mein Leben bis zum siebten Jahr.
Du hast mich gewollt. Du warst immer bei mir;
auch dann, als ich vielleicht Schock oder Krankheit erlebt habe.
Vielleicht war ich im Krankenhaus,
oder bei den Verwandten oder Grosseltern, statt bei den Eltern.
Vielleicht habe ich in dieser Zeit oder auch später
sexuellen Missbrauch erfahren und fühlte mich schuldig.
Vielleicht fühlte ich mich allein gelassen.
Vielleicht habe ich zu wenig Interesse, zu wenig Zuwendung erfahren.
Aber Du warst immer bei mir. Du interessiertest Dich für alles.
Du fühltest in allem mit mir. Du hast mich immer verstanden.
So war ich nie allein. Das ist schön, Jesus!

Jesus, nun übergebe ich Dir mein Leben bis zum fünfzehnten Jahr.
Das war die Zeit, in der ich vom Kind
zu einem Bub (Jungen), zu einem Mädchen wurde.
Du warst in jedem Moment dabei.
Du warst mit mir in der Schule.
Du warst dabei in allen Erfolgen und Enttäuschungen.
Du warst dabei in all den Verunsicherungen der Geschlechtsreife.
Du warst dabei und hast mich ganz verstanden.
Du hast Dich über mich gefreut. Das ist so schön, Jesus.
Du warst bei mir und immer für mich!

Jesus, nun lege ich in Deine Hände mein Leben vom fünfzehnten
bis zum fünfundzwanzigsten Jahr.
Es war die Zeit, da ich mich vom Elternhaus löste
und mein Leben selbst in die Hand nahm.
Ich lernte einen Beruf, oder ging weiter in die Schule.
Du warst dabei in allen Unsicherheiten, in erfüllten und verletzenden Beziehungen.
Du warst dabei in allen Schwächen, Fehlern und Sünden.
Du warst dabei in Erfolg und Freude, aber auch in tiefen Zweifeln, Dunkelheiten und Nöten. Immer warst Du dabei, Jesus.

Und – Du warst immer für mich. Du hast mich getröstet, gestärkt, bewahrt und beschützt! Du hast mich in allem verstanden.
Du hast mich nie verurteilt, auch nicht in meinen Sünden. Danke, Jesus!

Jesus, nun übergebe ich Dir mein Leben bis zum heutigen Tag.
Du kennst jeden Moment meines Lebens, jede Phase.
Krankheiten, Einsamkeit, Verlust von lieben Menschen,
zerbrochene Beziehungen, Schwierigkeiten am Arbeitsplatz,
Kinder oder vielleicht auch keine Kinder, Enttäuschungen, zerstörte Träume, schwere Sorgen, Dunkelheit, Depression.
In allem, was ich erlebt habe, immer warst Du dabei, Jesus,
und Du hast meinen Schmerz mit mir gefühlt.
Du warst dabei auch bei allem Schönen und Erfüllenden,
in den frohen, ausgelassenen und glücklichen Stunden.
Du hast mit mir gefühlt.
Dich mit mir gefreut, mich in allem verstanden und geliebt.
Danke, Jesus.
Erfülle jetzt meine Vergangenheit ganz mit Deiner Gegenwart.
Lass mich ganz tief wahrnehmen, dass Deine Liebe und Zärtlichkeit immer bei mir waren, und dass Du mich getragen hast.

Nun sind mir vielleicht verschiedene Verletzungen in den Sinn gekommen, die mir in meinem Leben zugefügt wurden: Zuhause, in der Schule und in der Freizeit. Vielleicht konnten mich meine Eltern nicht lieben, weil sie selbst auch nicht geliebt worden sind. Vielleicht haben auch sie unter dem Mangel an Liebe und Zärtlichkeit gelitten…

Ich bin nun eingeladen diejenigen Verletzungen, die mir der Heilige Geist gezeigt hat, konkret zu vergeben. Konkret heisst wem und was. Ich vergebe und mache damit den ersten Schritt, die erste Schale einer Zwiebel wird geschält, beim zweiten Mal die nächste und so weiter, bis die Zwiebel weg ist und ich keinen Groll, keine Bitterkeit mehr spüre, das heisst nicht, dass ich die mir zugefügten Verletzungen vergesse, doch sind sie ein Stück weit heil geworden.

Wenn ich noch nicht vergeben kann, dann bete ich um den Willen dazu. Zum Beispiel: «Stärke meinen Willen und hilf mir, dass ich mich zum Verzeihen entscheiden kann.» Damit bleibe ich bewusst vor der Vergebung stehen und mir ist vollkommen klar, dass ich es noch nicht getan habe.

Ich kann das Gebet nach dem Verzeihen so abschliessen:
Segne sie und führe sie zu Dir. Amen

Wenn uns nochmals schwierige Momente unseres Lebens in den Sinn kommen ist es wichtig, darin nicht auf die Wunden, sondern auf Jesus zu schauen, der mit mir war, mit mir fühlte, mich darin unterstützte, tröstete und trug. Er will mich heilen und mein Leben neu schaffen.

Heilung durch Hingabe an den Dreifaltigen Gott

Das folgende Gebet kann helfen, tiefer in die Kraft des Heiligen Geistes hineinzuwachsen und innere Heilung zu erfahren. Dies geschieht, wenn der Heilige Geist selbst die Leitung bei diesem Gebet hat. Dort, wo Worte in uns etwas anklingen lassen oder unserer Sehnsucht entsprechen, verweilen wir. Zum Beispiel: Ja, genau dies möchte ich mehr und mehr! Oder wir halten die entsprechenden Bereiche unseres Lebens hin und bitten den Heiligen Geist in diese Bereiche einzudringen, um uns dort zu heilen und zu heiligen. Bei einzelnen Lebensbereichen horchen wir, ob der Heilige Geist uns etwas zeigt oder sanft in uns anklingen lässt. Dies halten wir Ihm so lange hin bis wir sanft wahrnehmen, dass Er darin wirkt.

Gut ist es, sich regelmässig mindestens 30 Minuten (besser noch mehr) Zeit zu nehmen. Wir können dabei erfahren, dass der Heilige Geist immer wieder andere Bereiche unseres Lebens berühren, heiligen und mit Seiner Gegenwart erfüllen möchte.

«Himmlisch-liebender ***Vater****, aus ganzem Herzen und mit ganzer Seele übergebe ich mich Dir jetzt. Ich möchte Deinen göttlichen Plan für mein Leben ganz erfüllen. Nimm Wohnung in meinem Herzen. Ich öffne Dir alle Bereiche meines Lebens und sage: «Komm, tritt bei mir ein».*

Jesus*, Du bist der grosse Freund meines Lebens. Du bist mein Heiland und Erlöser. Ich glaube an Dich und anerkenne Dich als meinen Herrn und Retter. Ich vertraue mich Dir ganz an. Alles, was ich bin und habe, gehört Dir. Nichts will ich zurückbehalten.*

Heiliger Geist*, führe mich zu einer noch grösseren Umkehr hin zu Jesus. Ich überlasse Dir alles. Dring in alle Bereiche meines Seins ein. Durchwirke, ordne, kläre, reinige und heile Du alles nach Deinem Willen.*

So übergebe ich Dir und Deinem Wirken: meine Gesundheit, meine Beziehungen (Partner, Familie, Freunde, Mitarbeiter,...), mein

Hab und Gut (Geld), meine Arbeit (meinen Umgang mit der Zeit), meine Beziehung zur Kirche (Pfarrei,...) und meine Zukunft.

Ich überlasse Dir alle meine Ansichten, meine Urteile, meine Entscheidungen und meinen Willen. Ich sage ganz Ja zu meiner Lebenssituation (Lebensstand). Insbesondere überlasse ich Dir alles, was mich in irgendeiner Form bindet...

Heiliger Geist, komm in alle dunklen und verworrenen Bereiche meines Seins. Giesse Deine Liebe auf alle Wunden und Prägungen meiner Vergangenheit, die immer noch die Art und Weise meines Denkens beeinflussen und meine Freiheit einengen. Fülle Du all meinen Mangel aus.

Reinige mich von allen Samen und Wurzeln der Bitterkeit. Reiss mich aus dem Sumpf des Selbstmitleides. Hole mich aus dem inneren und äusseren Rückzug heraus. Tritt jeder Form der Resignation entgegen. Salbe alle Enttäuschungen und Wunden mit dem Salböl Deines Friedens.

Heiliger Geist nun gehört alles Dir. Du erfüllst mich mit Deiner Gegenwart. Ich danke Dir, dass Du durch Deine Liebe mein Leben heil und hell machst».

7. Wege der Heilung

Nun wollen wir noch einige weitere Wege der Heilung durch Gott näher betrachten. So vielfältig wie die Nöte der Menschen sind, sind auch die Wege der Heilung. Gott in Seiner Barmherzigkeit und Liebe will in allen Bereichen Hilfe und Heilung schenken.

Dazu benutzt Gott Menschen (Ärzte, Therapeuten, Seelsorger), denen Er spezielle Gaben, Fertigkeiten und Wissen geschenkt hat. Er benutzt Dinge der Schöpfung, verschiedene Wirkkräfte, welche Er in Seine Schöpfung gelegt hat und die von Menschen als Medikamente, Heilmittel und Heilmethoden entdeckt wurden. Er wirkt durch menschliche Beziehungen, Worte, Gesten, Handlungen,... heilend. Er wirkt in Seinem Wort und den Sakramenten, um uns Heil und Heilung zu schenken. In diesem Sinn betrachten wir nun einige Heilungswege.

7.1. Ärztliches und pflegerisches Handeln

Gott hat die Natur mit all ihren heilenden Kräften geschaffen und dem Menschen aufgetragen, sie sich untertan zu machen, das heisst auch, ihre Heilkräfte zu nutzen. Bestimmte geschaffene Substanzen bei Tieren, Steinen und Pflanzen usw. haben heilende Wirkung. Bereits unsere Grossmütter wussten, was bestimmte Tees, Wickel und manches mehr bewirken kann. Damit werden bestimmte Gaben der Schöpfung in den Dienst Gottes und der Gesundheit gestellt.

Gott heilt durch die von Ihm in die Schöpfung hineingelegten Heilkräfte, welche die Ärzte benützen. Gott heilt durch vielfältiges ärztliches Wissen und Können. Er heilt durch Pflege und Therapien. Bereits das Alte Testament lehrt uns den Arzt zu schätzen: *«Schätze den Arzt, weil man ihn braucht; denn auch ihn hat Gott erschaffen. Von Gott hat der Arzt die Weisheit, ... Durch Mittel beruhigt der Arzt den Schmerz, ebenso bereitet der Salbenmischer die Arznei ... Mein Sohn, bei Krankheit säume nicht, bete zu Gott; denn er macht gesund. ... Doch auch dem Arzt gewähre Zutritt! Er soll nicht fernbleiben; denn auch er ist notwendig» (Sir 38.1.2.7.9.12).*

Als Segen für die Menschheit entwickelt sich die naturwissenschaftliche Medizin immer mehr. Da wird Krankes durch Operationen entfernt, Fehlendes künstlich ersetzt, gestörte Funktionen korrigiert. Sie arbeitet mit verschiedensten Medikamenten, technischen Apparaten, Operationen und Therapien (wie z. B. Physiotherapie), um Krankheiten zu diagnostizieren, zu heilen, ihnen vorzubeugen und Entspannung zu bewirken.

Ebenfalls als grosser Segen erweist sich der wissenschaftliche Fortschritt in den vielfältigen psychischen Erkrankungen. Hier helfen Psychiater und ausgebildete Frauen und Männer in psychiatrischen Kliniken mit vielfältigen Methoden und Medikamenten.

Im 16. Jahrhundert lehrte der berühmte Arzt Paracelsus (1493–1541): «Der Arzt ist ein Knecht der Natur, und Gott ist der Herr der Natur. Die Kunst des rechten Arztes kommt von Gott.» Auch wenn in der Regel von den Ärzten nicht direkt mit Gottes Eingreifen gerechnet wird, gibt es auch heute Ärzte und Therapeuten, die sich bewusst als Diener Gottes verstehen. So steht zum Beispiel folgender Satz in einem Sprechzimmer: Medicus curat - Deus sanat (Der Arzt pflegt – Gott heilt).

7.2. Heilung durch einen gesunden Lebensstil

Wir wissen heute, wie wichtig eine gute und gesunde Ernährung ist. Ebenso, wie gesundheitsfördernd die Bewegung ist. Aus diesen beiden Aspekten hat sich heute eine breit angelegte Ernährungswissenschaft und –kultur, sowie Sport- und Fitnesskultur entwickelt.

Von Anfang an war es Gott wichtig, dass wir einen guten und gesunden Lebensrhythmus finden, in der die Beziehungen zu Ihm und unter uns Menschen, und die Arbeit, die Freizeit – ja unser ganzes Leben sich in Heil bringender Ordnung[41] ergänzen. Deshalb gibt es in der Woche einen besonderen Tag – den Sonntag. Dieser «heilige» Tag hilft uns, die gute Schöpfungsordnung im richtigen Mass von Beziehungs- zu Arbeitszeit zu leben.

Tag der Freiheit und Freude

Aus dem ursprünglichen Sabbat als Ruhetag ist bei uns der Sonntag geworden. Der Sonntag ist uns geschenkt, damit wir aufatmen und die Schönheit des Lebens geniessen können. Wir sollen Zeit und Musse haben für uns selbst, für unsere Beziehungen und vor allem für das, was unser Leben aufbaut und zu einem Fest werden lässt. Gott schenkt uns den Sonntag, damit wir ihn als erfüllte Zeit erleben. Der Sonntag soll uns unser Leben neu als Geschenk erfahren lassen, damit in uns die Freude am Leben wachse.

Um den Sonntag – und somit den Menschen zu schützen – sagt der Katechismus der katholischen Kirche: «Ein Christ soll sich hüten, einen andern ohne Not zu etwas zu verpflichten, das ihn daran

---

[41] Und so lautet die ursprüngliche Weisung Gottes: *«Achte auf den Sabbat: Halte ihn heilig, wie es dir der Herr, dein Gott, zur Pflicht gemacht hat. Sechs Tage darfst du schaffen und jede Arbeit tun. Der siebte Tag ist ein Ruhetag, dem Herrn, deinem Gott, geweiht. An ihm darfst du keine Arbeit tun: du, dein Sohn und deine Tochter, dein Sklave und deine Sklavin, dein Rind, dein Esel und dein ganzes Vieh und der Fremde, der in deinen Stadtbereichen Wohnrecht hat. Dein Sklave und deine Sklavin sollen sich ausruhen wie du. Denk daran: Als du in Ägypten Sklave warst, hat dich der Herr, dein Gott, mit starker Hand und hoch erhobenem Arm dort herausgeführt. Darum hat es dir der Herr, dein Gott, zur Pflicht gemacht, den Sabbat zu halten» (Dtn 5,12–15).*
Die Heilighaltung des Sabbats wird hier mit dem Hinweis auf die Befreiung aus Ägypten begründet. Es geht am Sabbat um die Freiheit. Weil Gott sein Volk aus der Sklaverei und der Fronarbeit in Ägypten befreit hat, soll der Sabbat uns davor bewahren, uns selbst mit Arbeit zu versklaven. Keine inneren oder äusseren «Fronvögte» sollen uns antreiben und über uns bestimmen.

hindern würde, den Tag des Herrn zu feiern. Auch wenn Veranstaltungen (z.B. sportlicher oder geselliger Art) und gesellschaftliche Notwendigkeiten (wie öffentliche Dienste) von Einzelnen Sonntagsarbeit verlangen, soll sich doch jeder genügend Freizeit nehmen. Trotz aller wirtschaftlichen Zwänge sollen die Behörden für eine der Ruhe und dem Gottesdienst vorbehaltene Zeit ihrer Bürger sorgen. Die Arbeitgeber haben eine entsprechende Verpflichtung gegenüber ihren Angestellten.» (Nr. 2187)

Von Anfang an feierten die Christen den wöchentlichen Ostertag, den Sonntag, als ihr Hauptfest. Schon sehr früh erhielt dann der Sonntag die Bezeichnung *«Tag des Herrn» (Offb 1,10)*, der als wöchentliche Auferstehungs- und Siegesfeier, als Feier der Freude und des Lebens verstanden wurde. Jeder Sonntag will ein Fest sein, das unseren Blick und unser Herz im ewigen Fest des Lebens verankert. Dabei sollen wir den Blick auf die erlöste Schöpfung lenken.

Von Heinrich Spaemann stammen folgende Worte: «Nächst dem Verzicht auf unnötige Arbeit ist die wichtigste sabbatliche Übung der Verzicht auf unnötige Kritik, auf Feststellung von Ungutem oder bei bestimmten Menschen oder in den Zeitverhältnissen. Kritik mag werktags notwendig sein ... Am Sonntag aber sollten wir uns das Nörgeln und Kritisieren gegenseitig verbieten.» Stattdessen sollen wir den Blick auf das Gute lenken. Ein Wort des Dankes und Lobes, der Anerkennung und der Bestätigung bewirkt Entspannung und baut auf.

Heute ist der Sonntag zunehmend in Gefahr, der Arbeit, dem Vergnügungsstress und dem Konsum geopfert zu werden. Burnout, auch als Folge von Überbelastung ist eine moderne Krankheit geworden. Das zeigt die Aktualität dieses Gebotes auf. Wer den wöchentlichen Ruhetag einhält, Erholung und Entspannung sucht, wird in einen wohltuenden Lebensrhythmus hineinfinden.

7.3. Heilung durch das Wort Gottes

Bei allen Medikamenten und Heilmethoden ist das Vertrauen in den Arzt ein bedeutsamer Heilungsfaktor. Je mehr wir ihm persönlich vertrauen, umso leichter lassen wir uns auf das ein, wozu er uns rät. Die Kraft der Worte hat nun eine noch grössere Wirkung, wenn sie von dem göttlichen Arzt Gott selbst kommen.

Die verändernde Kraft des Wortes Gottes

Im Anschluss an die Brotrede in Kafarnaum sagte Jesus unter anderem: *«Die Worte, die ich zu euch gesprochen haben, sind Geist und Leben». (Joh 6, 63).* Auch Paulus bezeugt die Kraft des Wortes Gottes: *«Ich schäme mich des Evangeliums nicht: Es ist eine Kraft Gottes, die jeden rettet der glaubt» (Röm 1,16).* Kraft, Geist und Leben vermittelt Gottes Wort. Dazu im Folgenden eine Erfahrung:

– Gottes Wort - meine Kraft, Hoffnung, Zuversicht und Heilung

Sylvia Häfeli erzählt: Am 6. Januar 1999 erhielt ich die Diagnose Brustkrebs, es war die zweit-aggressivste Art, deshalb konnten mir die Ärzte kaum Hoffnung auf Heilung machen. Zur gleichen Zeit war auch mein Mann schwer krank und verschied sechs Wochen später.

Da stand ich, am Boden zerstört, ohne Hoffnung auf Heilung und ohne wirklichen Glauben und Vertrauen an Gott. Meine Angst stieg ins Grenzenlose und ich lernte Depression und Angst vor der Angst kennen. Ich verlor jeglichen Boden unter den Füssen. Unser Pfarrer ermutigte mich mein Leben ganz Jesus anzuvertrauen und in Seine Hände zu legen, denn dann «chunnts so oder so guet» (wird es in jedem Fall gut). Im Moment war das jedoch kein Trost für mich. Doch seine Worte gingen mir nicht mehr aus dem Kopf und ich sann immer wieder darüber nach.

Meine Schwester wies mich ebenfalls immer wieder auf Gottes Wort hin. Öfter brachte sie mir Bibelverse, die mir Ermutigung, Kraft und Hoffnung schenkten. So begann ich ernsthaft Jesus zu suchen und baute eine innige Beziehung zu Ihm auf. Ich begann täglich in der Bibel zu lesen. Dort suchte und fand ich Texte, die mir wohltaten, Hoffnung und Trost gaben.

In der Folge entstand in mir eine immer grössere Sehnsucht nach der Liebe Gottes, die Er mir durch Sein Wort vermittelte. Täglich suchte ich nach Nahrung im Wort Gottes, um den jeweiligen Tag zu bestehen.

Beim täglichen Spaziergang trug ich des Öfteren das Wort Gottes, vom Abreisskalender, in der Hosentasche und hielt mich wortwörtlich mit der Hand daran fest. Über dem Brotkasten in der Küche hing der Psalm 62,2: *«nur auf Gott vertrau still meine Seele - von Ihm kommt meine Hilfe».* Am Spiegelschrank im Bad, hing Lukas 8, Vers 5: *«Fürchte dich nicht, glaube nur».* Jeden Abend betete ich auch den Psalm 23: *«Der Herr ist mein Hirte!»* Und Jesaja 53, Vers 5: *«Durch seine Wunden bin ich geheilt».* Weiter aus Psalm 118, Vers 17: *«Ich werde nicht sterben, sondern leben, um die Taten des Herrn zu verkünden»!* Am Morgen aus Johannes 5, Vers 8: *«Steh auf, nimm deine Bahre und geh deinen Weg!»*

So betete ich oft hin- und hergerissen, schwankend, mit mehr oder weniger Glauben und Vertrauen und doch in der Hoffnung, dass Sein Wort an mir in Erfüllung gehen werde. Meine Tante, damals 78-jährig, ermutigte mich, Jesus täglich mehrmals zu danken für Sein Wort, Seine Liebe und Seine Hilfe. Ich wurde zunehmend ruhiger und die Ängste nahmen zwar langsam, jedoch stetig ab.

In der Folge wuchs mein Vertrauen in die Liebe und Macht Jesu Christi. Ich besuchte verschiedene Glaubensseminare, die mir Schritt für Schritt weiterhalfen. Ich erfuhr dabei innere Heilung. Ich nahm die Zusagen von Gottes Wort ernst, dass ich durch Ihn eine göttliche Würde habe und liebenswert sei. Das befreite mich nach und nach vom Gefühl der Minderwertigkeit. So fühlte ich mich nicht mehr als Opfer, sondern nahm mein Leben selbst in die Hand. Ich vertraute, dass Jesus für mich als Witwe noch eine Sendung und eine Aufgabe habe. Das belebte und stärkte mich.

Eines Tages erfuhr ich die tiefinnere Gewissheit, dass ich vom Krebs geheilt bin, was die Ärzte bestätigten. Seit 10 Jahren bin ich gesund, ich darf leben und darf die Taten des Herrn verkünden! Nach der Verheissung von Psalm 118, Vers 17: *«Ich werde nicht sterben, sondern leben um die Taten des Herrn zu verkünden.»* Das Wort Gottes ist bis heute meine Kraft, meine Stärke und mein Heil, und ich werde es niemals mehr loslassen.

Nun wollen wir noch kurz der Frage nachgehen: Was will uns Gott durch Sein Wort vermitteln? Damit möchte ich noch auf zwei Bereiche hinweisen: Identität und Sinn.

Unsere wahre Identität

Ein jüdischer Lehrer fragte seine Zuhörer: «Welches ist die schlimmste Tat des bösen Triebes?» Alle wurden still. Und als keiner eine Antwort wusste, gab er sie selbst: «Die schlimmste Tat des bösen Triebes ist, dass der Mensch vergisst, dass er ein Königskind ist.» Die schlimmste Tat ist, zu vergessen, wer wir in Wirklichkeit sind. Die Sünde – also das, was uns von Gott, von der Liebe, vom wahren Leben trennt – besteht darin, unseren Wert, unsere Würde nicht zu erkennen und nicht anzunehmen.

Aus der Sicht Gottes sind wir wunderbar, herrlich und schön geschaffen. *«Gott schuf also den Menschen als sein Abbild; als Abbild Gottes schuf er ihn. Als Mann und Frau schuf er sie. – Gott sah alles an, was er gemacht hatte: Es war sehr gut» (Gen 1,27.31a).* Dieses Abbild-Gottes-Sein ist unsere wahre und bleibende Identität. Der heilige Pfarrer von Ars soll einmal gesagt haben, dass die Schönheit einer Seele alle sichtbaren Schönheiten der Schöpfung übertrifft. So schön sind wir tief in uns dort, wo wir Abbild Gottes sind.

Wenn ein Mensch das annehmen und glauben kann, dann entdeckt er seine Würde und wächst in seine Identität hinein. Er erfährt sich trotz allem Bösen, Krankhaften und Dunklen, das er in sich vorfindet, zuinnerst als schön, als wertvoll und einzigartig. Das baut den Menschen von innen her auf.

Sinn auch in der Krankheit erkennen

Aus uns heraus können wir nicht wissen, woher wir kommen, wohin wir gehen und was der Sinn unseres Lebens ist. Und doch brauchen wir verlässliche Antworten auf das Woher, Wohin und den Sinn unseres Menschseins. Antworten, auf die wir bauen können. Gott will uns durch Sein Wort den Sinn unseres Lebens offenbaren. Er will uns zeigen, dass unser oft so banales, mühsames und enttäuschendes Leben von grösster Bedeutung ist, dass unser Leben eine gute Zukunft hat.

Bedrückt, entmutigt und resigniert verliessen die Emmaus-Jünger Jerusalem. Da kam Jesus zu ihnen und sprach zu ihnen. In der Folge wurde es ihnen warm ums Herz. *«Und sie sagten zueinander: Brannte uns nicht das Herz in der Brust, als er unterwegs mit uns redete und uns den Sinn der Schrift erschloss?» (Lk 24,32).* Diese beiden Jünger haben im Hören auf die ganze Heilsgeschichte Sinn für ihre konkrete Situation gefunden. Ihnen ging ein «Licht» auf. Friede, Freude und Kraft kamen in der Folge in ihr Leben.

– Sinn gibt Kraft

Sinn ist für unser Leben notwendig. Ohne Sinn kann unser Leben schnell verkümmern oder erstarren. Logotherapie – Heilung durch Sinn - heisst darum eine neue Therapieform. Entdeckt hat sie der Wiener Psychiater Viktor Frankl im Konzentrationslager. Dort waren die Lebensbedingungen für alle gleichermassen katastrophal. Doch nicht alle trugen die gleichen Folgen davon. Die gleiche Lebenssituation wurde unterschiedlich gemeistert. Er stellte erstaunlicherweise fest, dass einige schnell an Kraft verloren und bald den schwierigen Lagerbedingungen erlegen sind. Andere hingegen entwickelten trotz der schwierigen Haftbedingungen Kraft und überlebten.

Woher der Unterschied? Warum entwickelten die einen neue Kraft und andere nicht? Sicher gab es verschiedene Antworten wie Gesundheitszustand, Körperverfassung usw. Viktor Frankl ist dieser Frage nachgegangen. Dabei stellte er fest, dass all jene, die ihrer Lebenssituation im Konzentrationslager keinen Sinn mehr abringen konnten, viel schneller entmutigt waren und kaum mehr Widerstandskraft entwickeln konnten. Die andern hingegen, die selbst dieser Lebenssituation noch einen Sinn abgewinnen konnten, wurden gestärkt.

– **Ermutigung von «oben»**

Wer mitten in Krankheit, Leid und Enttäuschung den grossen Sinn entdeckt, in den seine jetzige Situation eingebettet ist, empfängt Licht und Trost. Es gibt Kraft, schwierige und leidvolle Situationen durchzustehen. Dies sinnstiftende Wort will Gott uns in jeder Situation schenken und uns so nahe sein. Er will uns erfahren lassen, dass Er mit uns geht. Er will uns das Vertrauen schenken, dass sich durch Ihn alles zum Guten wendet.

So steht zum Beispiel 365-mal in dieser oder ähnlicher Form in der Bibel: «Fürchte dich nicht, ich bin mit dir!» Gott will uns Zukunft und Hoffnung geben, auch über den Tod hinaus. Er möchte unser Leben zur Vollendung bringen. Er möchte uns einst für immer glücklich machen und uns Anteil geben an Seiner Herrlichkeit.

7.4. Heilung durch Gemeinschaft

«Es ist nicht gut, dass der Mensch allein bleibt» (Gen 2,18). Der Mensch ist auf Gemeinschaft hin geschaffen. Er ist ein Beziehungswesen und findet durch das Du zum Ich (Martin Buber), in Gemeinschaft eine wahre Identität und Erfüllung. Beziehungen können heilen und verletzen, gesund und krank machen. Das hängt wesentlich davon ab, wie die Beziehungen gelebt werden.

In der christlichen Gemeinschaft ist in besonderer Weise die heilende Liebe Jesu Christi gegenwärtig. *«Wo zwei oder drei in meinem Namen versammelt sind, da bin ich mitten unter ihnen» (Mt 18,20).* Diese Liebe heilt in vielfacher Weise. Drei Aspekte wollen dies etwas verdeutlichen.

Kraft und Trost

Ein Pfarrer sprach nach dem Gottesdienst noch mit einigen Leuten. Da kam ein junges Ehepaar auf ihn zu, legte ein in Tücher gewickeltes Bündel in seinen Arm und bat ihn, für ihr Baby zu beten. Als er fragte, wie das Baby heisse, zog die Mutter das Tuch weg, das sein Gesicht bedeckt hatte. Er spürte, wie ihm die Knie weich wurden. Hätte der Vater ihn nicht gestützt, wäre er vermutlich umgekippt. Noch nie hatte er ein so schrecklich missgebildetes Baby gesehen wie das, das nun in seinen Armen lag. Das ganze Zentrum seines winzigen Gesichts war nach innen gewölbt. Es war dem Pfarrer ein Rätsel, wie das Kind überhaupt atmen konnte.

Ihm verschlug es die Sprache. «Sie heisst Tamara», sagte die Mutter. «Man hat uns gesagt, dass sie nur etwa sechs Wochen zu leben hat», fügte der Vater hinzu. «Wir wollten Sie bitten, dafür zu beten, dass sie unsere Liebe spüren kann, bevor sie stirbt.» Gemeinsam beteten sie intensiv für Tamara. Als er das Kind wieder den Eltern in die Arme gab, fragte er: «Können wir sonst noch etwas für Sie tun? Kann die Gemeinde Sie in dieser Zeit in irgendeiner Form unterstützen?»

Der Vater gab ihm eine Antwort, die ihn erstaunte. Er sagte: «Herr Pfarrer, es geht uns gut. Wirklich. Wir sind seit Jahren in einer liebevollen Kleingruppe. Die anderen in der Gruppe wussten, dass es in dieser Schwangerschaft Komplikationen gab. Sie waren bei uns zu Hause an dem Abend, als wir den Befund bekamen. Sie waren im Krankenhaus, als Tamara auf die Welt kam. Sie halfen uns, die ganze Tragweite ihrer Krankheit aufzunehmen. Sie machten sogar unser Haus sauber und versorgten uns mit Mahlzeiten, als wir Tamara nach Hause brachten. Sie beten ständig für uns und rufen uns mehrmals am Tag an. Sie helfen uns sogar dabei, Tamaras Beerdigung vorzubereiten.»

An dieser Stelle traten drei andere Ehepaare heran und umringten Tamara und ihre Eltern. «Wir kommen immer als ganze Kleingruppe zum Gottesdienst», sagte eines der Gruppenmitglieder. In dieser Erfahrung von mitfühlender Liebe und Unterstützung hat dieses Ehepaar Jesu heilende Liebe erfahren.

Annahme heilt

Viele psychische Störungen und Fehlentwicklungen gehen auf Verletzungen in den ersten Lebensjahren zurück. Hier kann die Erfahrung von Angenommensein wie man ist, entspannen und heilende Wirkung haben. Dazu die Erfahrung einer jungen Frau. Sie erzählt: Jahrelang war ich neurotisch, depressiv und ängstlich. Alle sagten mir immer wieder, ich sollte mich ändern. Ich stimmte ihnen zu und ich wollte mich auch ändern. Aber ich brachte es einfach nicht fertig, sosehr ich mich auch bemühte.

Was mir am meisten weh tat, war, dass auch mein bester Freund mir immer wieder sagte, wie neurotisch ich sei. Auch er sagte immer wieder, dass ich mich ändern sollte. Und auch ihm stimmte ich zu. Ich wollte es auch, aber so sehr ich mich auch bemühte, ich schaffte es nicht. Ich fühlte mich so machtlos und gefangen.

Dann sagte der Freund mir eines Tages: «Ändere dich nicht. Bleib so, wie du bist. Es ist wirklich nicht wichtig, dass du dich änderst, denn ich liebe dich genau so, wie du bist. So ist es nun einmal.» Diese Worte klangen wie Musik in meinen Ohren: «Ändere dich nicht, ändere dich nicht. Ich liebe dich genau so, wie du bist.»

Und ich entspannte mich und wurde lebendig. Und Wunder über Wunder, ich änderte mich! Jetzt weiss ich, dass ich mich nicht wirklich ändern konnte, bis ich jemand fand, der mich liebte, ob ich mich ändere oder nicht.

Gemeinschaft Ort der Heilung

«Solange wir allein waren, konnten wir meinen, alle Menschen zu lieben. Sobald wir mit anderen zusammenleben, bemerken wir, wie unfähig wir sind zu lieben. Gemeinsames Leben ist die oft recht mühsame Offenbarung der Grenzen, Schwächen und Schattenseiten eines jeden Einzelnen von uns. Oft fliehen wir daher vor dem gemeinsamen Leben und der Beziehung zu anderen. Die Erfahrung Gottes im Gebet, die Erfahrung, von der Gemeinschaft geliebt und akzeptiert zu sein, ermöglicht uns langsam, aber sicher, uns anzunehmen, wie wir sind: mit all unseren Verwundungen und Schattenseiten» (Jean Vanier).

Das wird wohl ein Grund sein, weshalb Jesus von Anfang an die Menschen nie nur in eine persönlich-individuelle Beziehung zu sich gerufen hat, sondern in eine Gemeinschaft unter Seiner Leitung. Wenn wir die Liste Seiner engsten Jünger anschauen, waren diese Menschen äusserst unterschiedlich in ihrem Charakter, ihrer politischen Einstellung und ihrer Herkunft. Da finden sich Fischer ohne jede Ausbildung, impulsive Leute (zwei wurden «Donnersöhne» genannt), Schwächlinge, Zweifler, ein radikaler, patriotischer Freiheitskämpfer (Zelot), ein Verräter des Volkes an die Besatzungsmacht und Finanzfachmann (Zöllner) und einer, der Ihn selbst verraten würde. Eine gemischtere Gruppe hätte man sich kaum vorstellen können. Da waren Konflikte und Reibereien also bereits vorprogrammiert.

Gerade in solchen Konflikten werden frühkindliche Prägungen, Schwächen und Verletzungen offenbar. Die Gnade der Gemeinschaft besteht darin, sie bewusst zu machen, damit sie angenommen werden können. Damit wird die Grundlage zur Heilung gelegt.

– Heilwerden in der Ehe

Eine besondere Form christlicher Gemeinschaft ist die Berufung zur Ehe. Nach christlichem Verständnis ist der Partner nicht etwas, was man «nimmt», sondern von Gott empfängt. Der Partner ist ein Geschenk Gottes, ja das kostbarste Geschenk, das zur Freude, zur Unterstützung, zum Wachstum und zur Heiligung des Lebens dem Anderen anvertraut wird.

Vom christlichen Verständnis her treffen zwei Menschen mit lebensgeschichtlichen Prägungen nicht zufällig in der Ehe aufeinander. Gott weiss wozu. So sind sie einander zur Heilung und zum Heiligwerden anvertraut. Charakterschwächen, Krankheiten und Probleme werden zu Chancen, um einander zu helfen in der Liebesfähigkeit zu wachsen und stark zu werden. Dasselbe gilt für den Weg der Kinder.

Die Ehe als Ort der Heilung hat zur Voraussetzung, dass beide Partner vom «Dritten im Bunde», von Jesus Christus und Seiner Liebe her leben.

Paulus schreibt: *«Einer ordnet sich dem andern unter in der gemeinsamen Ehrfurcht vor Christus» (Eph 5,21).* Jesus Christus ist der Herr ihrer Ehe. Ihm vertrauen die Eheleute ihr gemeinsames Leben an.

Das hat zur Folge, dass christliche Eheleute nicht zuerst nach ihren persönlichen Wünschen fragen, sondern nach dem Willen ihres gemeinsamen Herrn: Wie möchtest Du, Jesus, dass ich meine Frau, meinen Mann jetzt liebe, damit sie/er durch mich die Liebe Gottes erfährt und an Heiligkeit wachsen kann? Was möchtest Du in dieser schwierigen Phase wachsen lassen? Solche Fragen nach Ihm, nach dem Willen des Herrn lösen uns aus unserer egoistischen Verfangenheit. Dann wird die Ehe zum Reifungsweg ins «Paradies» und wird als heilende Gemeinschaft erfahren.

7.5. Heilung durch Anbetung

Durch die Ur-Sache allen Unheils, die Absonderung von Gott und Seinem Heilsplan, wurde der Mensch wie Augustinus einmal sagte, in sich selbst verkrümmt. Ein Weg der Heilung aus dieser Verkrümmung heraus geschieht im Lob und in der Anbetung Gottes.

Loben – unsere Bestimmung leben

Gott zu loben, ist unsere tiefste Wesensbestimmung. Paulus sagt: *«Wir sind zum Lob seiner herrlichen Gnade bestimmt» (Eph 1,12a).* Das heisst, wir werden dann zutiefst eins mit unserer innersten Berufung, wenn wir Gott die Ehre geben, Ihn rühmen und preisen. Wer Gott lobt, steigt aus dem Kreisen um sich, um seine Sorgen, Ängste und Wünsche aus. Loben bedeutet, aufzuschauen und Gottes Liebe und Grösse, Seine Güte und Sein Erbarmen, Seine Macht und Herrlichkeit zu rühmen.

Im Lob schenken wir Gott unsere Liebe. Wir sagen Ihm, dass Er für uns einzigartig ist, dass Er über allem der Herr ist und alles richtig macht. Wenn wir einander loben, sagen wir: «Du bist grossartig. Du bist souverän, heilig und wunderschön! Ich freue mich an dir! Ich staune über Dich und bewundere Dich.» Loben ist Ausdruck der Herzensliebe.

Nicht immer sind wir in der Stimmung, Gott zu loben. Manchmal sind wir mürrisch, verärgert und verwundet. Dann ist uns eher ums Klagen als ums Loben zu Mute. Vor Gott dürfen wir immer ganz so sein, wie wir sind. Auch Klagen ist ein gutes Gebet. Doch wenn wir unser Leid geklagt haben, gilt es, unseren Blick auf Ihn zu wenden. Wir hören auf, uns mit uns zu beschäftigen und geben Ihm Anbetung und Ehre.

All unsere Sorgen, Pläne und Ängste, all unsere niederdrückenden Stimmungen und Schmerzen Ihm zu überlassen, ist ein Verzicht, ein Opfer: *«Bring Gott als Opfer dein Lob» (Ps 50,14)*. Solches Opfer kann frei machen. Solcher Lobpreis braucht stets unsere Entscheidung, sonst bleiben wir gebunden an unsere momentanen Gefühle, Stimmungen und Erlebnisse. Gott aber in Seiner unübertreffbaren Herrlichkeit kann und soll immer angebetet und gepriesen werden.

Loben bewirkt in denen, die das Lob, die Anerkennung und das gute Wort aussprechen, Heil. Denn Loben heisst, das Gute sehen. Wer andere, ehrlichen Herzens lobt, erfährt Freude im eigenen Herzen. Und einmal wird unser Herz ganz von der Freude über Gott[42] erfüllt und durchdrungen sein.

Eucharistische Anbetung

Anbetung ist eine Haltung, in der wir zum Ausdruck bringen, dass Gott «Gott» ist und wir Seine Geschöpfe: «Gott, Du bist alles! Ich anerkenne Dich als meinen Herrn. Du bist der durch und durch Liebende.» Es gibt viele Formen des Lobgebetes und der Anbetung. Es gibt das liturgische Gebet, das vorformulierte Gebet, das freie Gebet. Bei diesen Gebetsformen ist unser Verstand aktiv beteiligt. Wir «tun» etwas. Wir reden und denken.

Eucharistische Anbetung kann als eine weitere Form verstanden werden: Als ein Gebet der Entspannung. Vergleichbar ist dies dem Sonnenbaden («sünnele»). So wie sich Menschen beim Sonnenbaden entspannen und ihren Körper wärmen lassen, halten wir Jesus unser Leben hin. Wir entspannen uns bei Ihm. Wir brauchen uns nicht anzustrengen. Wir sind einfach bei Ihm.

In der «Eucharistischen Anbetung» (Anbetung vor dem ausgesetzten Allerheiligsten) begegnen wir Gott selbst, Er ist gegenwär-

---

[42] Die Offenbarung des Johannes zeigt uns einen Blick in die Zukunft, die in Gott bereits Gegenwart ist. *«Ich sah und ich hörte die Stimme von vielen Engeln rings um den Thron und um die Lebewesen und die Ältesten; die Zahl der Engel war zehntausendmal zehntausend und tausendmal tausend. Sie riefen mit lauter Stimme: Würdig ist das Lamm, das geschlachtet wurde, Macht zu empfangen, Reichtum und Weisheit, Kraft und Ehre, Herrlichkeit und Lob. Und alle Geschöpfe im Himmel und auf der Erde, unter der Erde und auf dem Meer, alles, was in der Welt ist, hörte ich sprechen: Ihm, der auf dem Thron sitzt, und dem Lamm gebühren Lob und Ehre und Herrlichkeit und Kraft in alle Ewigkeit» (Offb 5,11–13).*

tig in der Monstranz, im Zeichen des Brotes. Er ist da in Seinem Sohn, und zwar in dem für uns am Kreuz hingegebenen Leib. Er ist da in Seiner heilenden und erlösenden Liebe.

Die Eucharistische «Aussetzung» ist eine Form der besonderen Nähe. Jesus «setzt» sich uns aus in der Form des Brotes, im Allerheiligsten Altarssakrament, und wir «setzen» uns Jesus aus, indem wir uns Ihm öffnen. Da zählt nur eines: die Liebe! Jesus schenkt uns Seine Liebe und wir schenken Ihm unsere Liebe. Dazu Theresia von Lisieux: «Ich will mich Jesu Liebesblick aussetzen und Ihn in meiner Seele wirken lassen.»

Der heilige Pfarrer von Ars beobachtete regelmässig, wie ein Mann in die Kirche ging und dort mehrere Stunden zubrachte. Eines Tages fragte er ihn, was er denn die ganze Zeit in der Kirche mache. Darauf antwortete der Mann: «Jesus schaut mich an und ich schaue Ihn an».

Wer so längere Zeit vor dem Allerheiligsten, das heisst vor Jesus, ausharrt, setzt sich Seinen Heilsstrahlen aus, die körperlich und psychisch heilende Wirkung haben. In besonderer Weise wird er jedoch empfänglicher für die feinen Impulse, die von Jesus ausgehen. Er wird freier für das, was Jesus mit ihm vorhat. Gottes Licht dringt in sein Leben ein und lässt es nach und nach heller und heiler werden.

7.6. Im Leiden Heilung und Herrlichkeit erfahren

Jesus Christus will in uns wachsen mehr und mehr. Das führt in neue Dimensionen von Gottes Heilungswegen.

Wachsen im Leiden

In dieser Welt werden nicht alle Krankheiten geheilt – im Gegenteil: Jeder Mensch wird einmal an körperlichen Defekten sterben. So geht Gottes Blick weiter. Er nimmt die himmlische Gesundheit in Blick.

Gott geht es vorrangig nicht darum, dass wir ein bequemes, angenehmes Leben haben, sondern darum, dass unsere eigentliche Identität zum Vorschein kommt: Das wahre Abbild Gottes! Gott will uns in die Herrlichkeit Seines göttlichen Seins verwandeln. Gott ist vor allem an unserem inneren Schönwerden, an unserer Heilung, an unserer ewigen Herrlichkeit interessiert. Wir Menschen haben das nicht immer so im Blick. Manchmal ist unser wichtigstes Ziel das

Freiwerden von Beschwerden. Doch Beschwerden und Leiden können segenreiches bewirken wie die folgende Geschichte zeigt:

In der Wüste, genauer: am Rande einer Oase, stand ein junger Palmenbaum - im besten Wachstum und wunderschön anzusehen. Da kam Ben Sadok des Wegs. Dieser war so gallig in seinem Charakter, dass er nichts Gesundes und Schönes sehen konnte, ohne es zu verderben. Da wurmte ihn natürlich diese wunderschöne junge Palme, und so nahm er einen schweren Stein und schlug diesen dem jungen Baum mitten in die Krone. Mit einem bösen Lächeln ging er nach dieser «Heldentat» weiter.

Die junge Palme schüttelte sich und versuchte, die Last abzuwerfen. Vergebens, zu fest sass der Stein in ihrer Krone. Da krallte sich der junge Baum tiefer in den Boden und stemmte sich gegen die steinerne Last. Er senkte seine Wurzeln so tief in die Erde, dass diese die verborgene Wasserader der Oase erreichten. Und zugleich stemmte er den Stein so hoch, dass die Krone alles überragte. Kein Schatten fiel mehr auf sie. Wasser aus der Tiefe und Sonnenglut aus der Höhe liessen den jungen Baum zu einer königlichen Palme heranwachsen.

Nach Jahren kam Ben Sadok wieder, um sich an dem Krüppelbaum zu freuen, den er verdorben hatte. Vergebens suchte er danach. Da senkte die wunderschöne grosse Palme ihre Krone, zeigte den Stein und sagte: «Ben Sadok, ich muss dir danken, deine Last hat mich stark gemacht.»

Der Palmbaum wäre nicht zu dieser Grösse, Stärke und Schönheit emporgewachsen und hätte nie zu dieser tiefen Quelle gefunden, wenn nicht diese böse Last gewesen wäre. So ist das Entscheidende nie, *was* wir alles an Leid, Krankheit und Bösem erfahren, sondern *wie* wir darauf reagieren: Wer in dieser Weise erkannt hat, dass es im Leben um Verwandelt-Werden, um Wachsen in der Liebesfähigkeit, letztlich um Heiligkeit geht, wird allmählich weniger danach trachten, sich immer angenehm zu fühlen. Er wird vielmehr darauf ausgerichtet sein, alle Widerwärtigkeiten als Chance anzunehmen, um geistlich zu wachsen und zu reifen.

Gottes Kraft wird offenbar

Viele Menschen machen die Erfahrung, dass sie am Leid gewachsen sind. Das Leiden hat sie feinfühliger, weiser und stärker gemacht. Das Leid hat ihr Leben verwandelt. Aus dem Leiden ist Gutes herausgewachsen. Das Leiden wurde für den Betroffenen und für die anderen zum Segen. Gottes Heilskraft wirkte im Leiden. Aus einer solchen Haltung heraus konnte sich Paulus gar der Leiden und Schwierigkeiten rühmen: *«Mehr noch, wir rühmen uns ebenso unserer Bedrängnis; denn wir wissen: Bedrängnis bewirkt Geduld, Geduld aber Bewährung, Bewährung Hoffnung» (Röm 5,3–4).*

Paulus litt auch an einer geheimnisvollen Krankheit, die er als «Bote Satans» bezeichnete. *«Dreimal habe ich den Herrn angefleht, dass dieser Bote Satans von mir ablasse. Er aber antwortete mir: Meine Gnade genügt dir; denn sie erweist ihre Kraft in der Schwachheit» (2 Kor 12,8–9a).* Hier bestand die Heilung darin, dass Paulus Gottes Kraft im Leiden und Schmerz erfahren hat.

In solchen Situationen offenbart sich die Liebe Gottes, im Frieden, mit dem ein Leid angenommen und durchgetragen werden kann. Da erfährt der Mensch: Gott geht mit und trägt mit. Diese Gegenwart Gottes wird auch Trost genannt.

Mitleiden mit Jesus Christus

«Heilung» kann noch eine Dimension tiefer geschehen. Der Mensch wird nicht nur von der Auflehnung gegen den Schmerz befreit oder erfährt darin Gottes Trost. Es kann grundlegend Neues heranwachsen: Mitleiden mit Jesus Christus.

Wie ist das zu verstehen? Schauen wir auf Jesus am Kreuz. Ans Holz des Kreuzes gehängt zu werden, war für die gläubigen Juden das Zeichen grösster Schande. Ein Gekreuzigter galt als von Gott verflucht und verworfen. *«Denn ein Gehenkter ist ein von Gott Verfluchter» (Dtn 21,23b).* Paulus spricht dies offen aus: *«Christus hat uns vom Fluch des Gesetzes freigekauft, indem er für uns zum Fluch geworden ist; denn es steht in der Schrift: Verflucht ist jeder, der am Pfahl hängt» (Gal 3,13).*

Am Kreuz sterben heisst, Gegenstand des Abschaums und der Schande zu sein. Jesus solidarisiert sich damit mit denen, die in irgendeiner Form zum Abschaum der Menschheit zählen, die von Gott und den Menschen als verflucht und verworfen gelten. Er macht sich eins mit ihnen. Er nimmt ihre Schande und ihren Fluch auf sich. Jesus akzeptiert – aus Solidarität mit den Sündern und Verworfenen, – selbst als solcher betrachtet zu werden und ihre Strafe zu erleiden. Er leidet als der Unschuldige mit den schuldigen Menschen. Er fragt nicht, ob jemand verdient oder unverdient, gerecht oder ungerecht leidet.

Mitleiden ist das Hinübertreten aus dem eigenen Leid in den Schmerz des andern. Mitleiden ist Ausdruck einer solidarischen Liebe, die auch vor dem Schmerz des andern nicht zurückschreckt. Wer mitleidet, lässt sich treffen vom Leid anderer und vom Bösen in der Welt. Wer innerlich berührt und betroffen von der Not und dem Leid anderer ist, dem wird das eigene Leiden kleiner.

Heute leidet Jesus mit allen Leidenden. So geht der Leidensweg Jesu weiter in allen Leidenden. Er leidet in besonderer Weise auch darin, dass Er selbst und Sein Heilsangebot zurückgewiesen werden. Er leidet an der Untreue Seiner berufenen Diener und vielem mehr. In dieses Mitleiden kann nun Jesus auch Menschen hineinführen. Petrus spricht vom *«Anteil an den Leiden Christi» (1 Petr 4,13).* Solches Mitleiden wird als Geschenk gesehen. Der Mensch sieht, dass er mit Jesus mitleiden darf, um so dem Heil der Menschen zu dienen. Leid und Mühe werden dann nicht nur bereitwillig ertragen, sondern als Chance gesehen, Jesus einen Liebesdienst zu erweisen.

In diesem Sinn können wir – wie Papst Benedikt XVI. im Rundschreiben «Spe salvi» Nr. 40 erwähnt – die kleinen Mühen des Alltags, die uns immer wieder einmal wie … empfindliche Nadelstiche treffen, «aufopfern» und in das grosse Mitleiden Christi hineinlegen. Das heisst: aus Liebe zu Ihm tragen. Somit gibt es für Menschen im Leib Christi auch kein sinnloses Leiden mehr. Alles kann als Hingabe gelebt und so zur Frucht und zum Segen beitragen.

Ein Seminarist besuchte regelmässig eine alte Frau, die in einem dämmerigen Hinterhof wohnte, in die kaum ein Sonnenstrahl drang und die schon jahrelang bettlägerig war. Bei einem Besuch frage er sie: «Wenn ich mir so ansehe, in welchem Elend Sie leben, denke ich mir, dass Sie sich nach dem Tag sehnen, an dem Sie der Tod erlöst und Sie zu Gott heimgehen dürfen.» Daraufhin lächelte sie: «Was mich betrifft, haben Sie ganz recht. Aber da drüben auf der anderen Hofseite wohnt ein junges Paar, das sich dauern streitet. Ich höre ihre bösen Worte bis zu mir herüber. Da denke ich mir: wenn ich durch mein Daliegen und Leiden die Gnade erwirken kann, dass sie sich wieder lieben, dann bleibe ich gerne noch liegen[43].

---

[43] Zitiert nach Franz Schobesberger in: «Rundbrief für kirchliche und gesellschaftliche Neugestaltung» Brunnenthal 3/2009

Leiden kann so umarmt werden, um Jesus damit eine Freude zu machen und um Ihm zu helfen, Sein Erlösungswerk zu vollenden. Darin liegt eine stille, tiefe Freude: *«Jetzt freue ich mich in den Leiden, die ich für euch ertrage. Für den Leib Christi, die Kirche, ergänze ich in meinem irdischen Leben das, was an den Leiden Christi noch fehlt» (Kol 1,24).*

Die Herrlichkeit des christlichen Sterbens

Nicht nur das Leiden, sondern auch das Sterben kann als Hingabe gelebt werden. Paulus erwähnt dies andeutungsweise im Brief, den er seiner Lieblingsgemeinde in Philippi schrieb: *«Darauf warte und hoffe ich, dass ich in keiner Hinsicht beschämt werde, dass vielmehr Christus in aller Öffentlichkeit – wie immer, so auch jetzt – durch meinen Leib verherrlicht wird, ob ich lebe oder sterbe. Denn für mich ist Christus das Leben, und Sterben Gewinn» (Phil 1,20–21).* Sein Wunsch ist, dass *«Christus»* durch seinen *«Leib verherrlicht wird»*, und zwar im Leben und im Sterben.

Die Herrlichkeit des christlichen Sterbens zeigt sich in der Freiheit, ganz Ja zum Willen Gottes zu sagen. In diesem Ja erhält das Sterben eine neue Dimension. Sterben wird nicht nur zu etwas Erlösendem, sondern vielleicht sogar zur tiefsten Form der Verherrlichung Gottes. So nannte Jesus Sein Sterben im Johannesevangelium Verherrlichung. *«Jetzt ist meine Seele erschüttert. Was soll ich sagen: Vater, rette mich aus dieser Stunde? Aber deshalb bin ich in diese Stunde gekommen. Vater, verherrliche deinen Namen! Da kam eine Stimme vom Himmel: Ich habe ihn schon verherrlicht und werde ihn wieder verherrlichen» (Joh 12,27–28).*

Auch Simon Petrus soll durch sein Sterben Gott verherrlichen. *«Das sagte Jesus, um anzudeuten, durch welchen Tod er Gott verherrlichen würde» (Joh 21,19a).*

Wie ereignet sich die Verherrlichung Gottes im Sterben?

In gewisser Weise haben wir unseren Tod in der Taufe bereits vorweggenommen. Denn – indem *«wir auf Christus Jesus getauft wurden», sind wir «auf seinen Tod getauft worden».* Da wir in der Taufe Jesus Christus als unseren Herrn und Erlöser angenommen haben, «starb» dadurch unser Eigenwille in den Gehorsam Jesu hinein, der Seinem Vater gehorsam war *«bis zum Tod, bis zum Tod am Kreuz» (Phil 2,8).*

Seit der Taufe gehören wir Jesus Christus und nicht mehr uns selbst. Christus betrachtet uns als Sein Eigentum. Eigentum nicht im Sinne einer einseitigen Inbesitznahme, sondern eines wechselseitigen Sich-einander-Schenkens, wie es zwischen Mann und Frau in einer echten christlichen Ehe anzutreffen ist.

Dieses persönliche Füreinander zwischen Christus und uns drückt Paulus im Römerbrief so aus: *«Keiner von uns lebt sich selber, und keiner von uns stirbt sich selber. Leben wir, so leben wir dem Herrn, sterben wir, so sterben wir dem Herrn. Ob wir leben oder sterben, wir gehören dem Herrn. Denn Christus ist gestorben und lebendig geworden, um Herr zu sein über Tote und Lebende» (Röm 14,7–9).* Unser Sterben gehört wesentlich zu unserer Verbundenheit mit Jesus Christus.

Der grosse Theologe Romano Guardini (1885–1968) schreibt in einer Kreuzwegmeditation: «Und steht es einmal so mit mir, dass ich nichts mehr leisten kann und mich in der Welt unnütz fühle, dann kann ich in Wahrheit noch das Allerhöchste tun: Mit Dir zusammen still und opferfreudig mein Leiden, meine Ohnmacht, ja selbst mein Sterben für die anderen darbringen. Herr, so allein wird vollbracht, was keine Menschenweisheit, keine Macht und kein Gut der Welt vollbringen können: So allein werden Leiden und Tod wahrhaft überwunden.»

So kann der Tod zur tiefsten Form unserer Hingabe an Jesus Christus werden, wie Sein Tod der tiefste Ausdruck Seiner Hingabe an den Vater war. Denn *«keiner stirbt sich selber ... sterben wir, so sterben wir dem Herrn».* Somit kann ich Jesus Christus auch mit meinem Sterben dienen. Mein Sterben dient dann Seinem Heilsplan, ja es kann sogar zum Höhepunkt meines Apostolates, meines Dienstes für Ihn werden. Wenn wir dem Herrn gehören, überlassen wir es Ihm, wann und wie Er uns im Tod heimholen wird. Wir vertrauen, dass der Herr weiss, wofür Er unser Sterben braucht.

Sterben bleibt immer Sterben und ist mit Angst und Ungewissheit verbunden. Die Art unseres Sterbens ist nicht immer Ausdruck des Lebens. Manche Heilige sind «schwer», das heisst in Dunkelheit und Ängsten gestorben. Stellvertretend haben sie die Last anderer getragen. Für sie war das Ja zu diesem Sterben ihr letztes Angebot, das zur Erlösung beizutragen, was ihnen noch möglich war. Ihr Sterben war ihre letzte grosse Liebestat. Dann gilt: *«Kostbar ist in den Augen des Herrn das Sterben seiner Frommen» (Ps 116,15).*

7.7. Zusammenschau: Gott will Sein Wirken offenbaren

Im Johannesevangelium lesen wir: *«Unterwegs sah Jesus einen Mann, der seit seiner Geburt blind war. Da fragten ihn seine Jünger. Rabbi, wer hat gesündigt? Er selbst? Oder haben seine Eltern gesündigt, so dass er blind geboren wurde? Jesus antwortet: Weder er noch seine Eltern haben gesündigt, sondern das Wirken Gottes soll an ihm offenbar werden» (Joh 9,1–3).* Während die Jünger nach der Schuld für dieses Leiden suchen, während sie auf die Vergangenheit fixiert sind, sagt Jesus: Jetzt ist Gott da und will jetzt Seine Liebe, Sein Wirken offenbaren. Darum ist die wichtige Frage immer: Wie möchte Gott Sein Wirken, Seine Liebe offenbaren? Auf welchen Wegen möchte Er uns heilend begegnen? Dies kann in ganz unterschiedlicher Weise geschehen.

Es gibt viel Leiden, das Gott – zumindest so, wie wir es erleben – nicht will. Er möchte uns von vielen Leiden, vielleicht von mehr als wir denken, frei machen. Darum ist es gut, für Kranke zu beten und damit zu rechnen, dass Gott auch heute heilt.

Leiden lässt uns oft nach den Ursachen fragen. Dann kann uns Leiden auf Dinge in unserem Leben hinweisen, die uns bisher nicht bewusst geworden sind. In solchem Erkennen wirkt auch Gott. So kann zur Heilung auch gehören, dass wir uns von negativen und verkehrten Gedanken, von Unversöhntem und schädlichen Gewohnheiten trennen müssen.

Es gibt auch Leiden, das Gott nicht wegnehmen, sondern «vergolden» möchte. Das heisst: Er möchte aus dem Leiden Gutes herauswachsen lassen. Er möchte das Leid für den Betroffenen und für die anderen zum Segen werden lassen.

Gott heilt nicht jeden Menschen so, wie wir es möchten und uns vorstellen. Aber immer will Er Seine Kraft, Seine Hilfe und vor allem Seinen Trost schenken. Immer will Er in allen Situationen Seine Liebe offenbaren auch wenn dies im Moment nicht gesehen werden kann. Manchmal kann erst im Rückblick Gottes Gegenwart im Leiden erkannt und somit bewusst wahrgenommen werden.

Darum haben Christen, wenn es um Heilung geht, einen weiten Blick. Gläubige fragen nicht zuerst nach den besten und wirksamsten Methoden, sondern nach Gottes Willen, nach Gottes Sichtweise der Krankheits-Situation. Dazu können unter anderen folgende Fragen helfen:

- Liegt eine Botschaft in der Krankheitserfahrung, die für den Kranken oder die Nahestehenden von Bedeutung ist?
- Gibt es Zusammenhänge zwischen der körperlichen, sozialen, psychischen und geistlichen Dimension?
- Auf welchen Wegen und auf welche Art will Gott Heilung schenken?
- Wie möchte Gott Sein Wirken offenbaren?

Dabei ist vom christlichen Standpunkt aus klar: Wirklich heilt, was der himmlischen Gesundheit dient, was die Beziehung zu Gott und untereinander fördert. Alles was dies vermindert oder blockiert, schadet letztlich dem Menschen.

Ein Gebet

Ein Gebet im Wartesaal eines Spitals kann uns den Blick für das grössere Wirken Gottes öffnen und uns erahnen lassen, wie Er auf unsere tiefsten Sehnsüchte eingeht:

«Herr, ich habe Dich um Kraft gebeten, um Erfolg zu haben; und Du hast mich schwach werden lassen, damit ich gehorchen lerne.

Ich habe Dich um Gesundheit gebeten, um grosse Dinge zu tun; und ich habe die Krankheit erhalten, um Besseres zu lernen.

Ich habe Dich um Reichtum gebeten, um glücklich zu sein; und ich habe die Armut erhalten, um weise zu werden.

Ich habe Dich um Macht gebeten, um von den Menschen geschätzt zu werden; und ich habe die Ohnmacht erhalten, um Verlangen nach dir zu verspüren.

Ich habe Dich um Freundschaft gebeten, um nicht allein leben zu müssen; und Du hast mir ein Herz gegeben, um alle meine Brüder und Schwestern zu lieben.

Ich habe nichts gehabt von dem, was ich erbeten hatte; dennoch habe ich alles gehabt, was ich erhofft hatte.

Fast gegen meinen Willen sind meine ungesagten Gebete erhört worden. Ich bin der Beschenkteste aller Menschen. Dank Dir, Herr.»

3. Teil: Konkrete Unterscheidung und seelsorgerliche Hilfen

Im letzten Kapitel haben wir Gottes heilende Wege betrachtet. Die Quelle der Heilung ist Jesus Christus, der durch den Heiligen Geist heute wirkt und handelt. Gottes Absicht ist das umfassende Heil des Menschen. Dazu gehört an erster Stelle die «himmlische», die geistige, die ewige Gesundheit. Danach, soweit dies dienlich ist, auch die körperliche und psychische Gesundheit des Menschen.

Gottes Heilungswege und das christliche Welt- und Menschenbild helfen uns in der Unterscheidung im Blick auf die Vielfalt der Heilungsangebote unserer Zeit. Im Folgenden werde ich mich als Priester nur auf den spirituellen, genauer den geistlichen Aspekt[44] beschränken. Dabei möchte ich auch weitere Erkenntniswege in den Blick nehmen, bei denen von spirituellen Kräften die Rede ist und dann, vom christlichen Standpunkt aus, eine Unterscheidung treffen.

Die Grundfrage

Gemäss dem bisher Dargelegten, insbesondere über das christliche Welt- und Menschenbild, wurde deutlich, dass gefallene Engel weiterhin die ihnen von Gott anvertrauten Kräfte und Fähigkeiten besitzen, diese nun aber gegen Gott und gegen das Heil der Menschen richten. So spricht Johannes in der Offenbarung davon, dass das Tier (gemeint ist die widergöttliche Macht) «grosse Zeichen» und Wunder tat. *«Es verwirrte die Bewohner der Erde durch Wunderzeichen» (Offb 13,13).*

Mit anderen Worten: Wunder und verschiedenste Arten von Heilung können auch durch widergöttliche Mächte und Kräfte geschehen. Also nicht: Alles, was hilft, ist gut. Auch nicht: Recht hat, was hilft. Vielmehr müssen wir sorgfältig unterscheiden und nach den

---

[44] Zur Frage nach der Wirksamkeit dieser Heilmethoden verweisen wir auf das Buch: O'Mathùna, Dònal/Larimore, Walt: Handbuch Alternativmedizin. Darstellung und Beurteilung aus christlicher Sicht. R. Brockhaus Verlag, D-Wuppertal, 2006, welches umfangreiche wissenschaftliche Untersuchungen auswertet. Dazu gibt es auch weitere wissenschaftliche Untersuchungen.

Quellen der Heilung fragen. Dies umso mehr weil, wie Paulus sagt, der Satan sich *«als Engel des Lichts»* tarnt (vgl. 2 Kor 11,14). Das heisst: Widergöttliche Kräfte können im Kleid des Lichtes und des Guten daher kommen. Und zweifellos haben sie Wirkung.

Elisabeth Kurath erzählt: «Kurz bevor ich abends zur Arbeit fuhr, stürzte ich mit dem Fahrrad und verstauchte mir den Fuss. Und so begann ich die Nachtschicht in einem Alters- und Pflegeheim. Dort bin ich aus Sicherheitsgründen immer zu Fuss unterwegs. So war jeder Schritt schmerzhaft.

Ich betreute Pensionäre, unter denen auch ein Heilpraktiker war. Er blickte auf eine lange Praxiszeit zurück, und kannte verschiedenste Heilmethoden. Wir sprachen schon oft über Gott und die Welt, und ich wusste um seine gutgemeinten Heilungsabsichten.

So fragte mich dieser Herr nach dem Grund meines Hinkens. Er bot mir dann an, mich über Gedanken, also durch den Geist zu heilen. Bevor ich das Zimmer verliess, sagte er noch, er werde sofort damit beginnen. Schon nach kürzester Zeit merkte ich tatsächlich eine Wirkung: mein Fuss schmerzte augenblicklich nicht mehr.

Darüber bin ich sehr erschrocken und war zugleich auch enttäuscht über mich, dass ich mich nicht gegen diese Heilmethode gewehrt hatte. So begann ich zu beten: «Herr, nur wenn Du es bist, der nun heilt, ist es gut, sonst will ich diesen Schmerz ertragen.» Und noch einmal erlebte ich eine sofortige Wirkung. Der Schmerz kehrte zurück und liess mich diese Nacht jeden Schritt ganz fest spüren. Ich habe dann gegen Morgen eine Schmerztablette genommen, und für die kommende Nacht eine Kollegin um den Dienst gebeten. Den Schmerz im Fuss spürte ich noch einige Wochen…»

Wie diese Erfahrung zeigt, geht es in der Unterscheidung und Wertung der verschiedenen Heilverfahren letztlich um eine persönliche Identifikationsfrage: Wo stehe ich? Von welchem Standpunkt aus betrachte und beurteile ich diese Fragen? Baue ich auf den christlichen Glauben und damit verbunden auf das christliche Welt- und Menschenbild oder verlasse ich innerlich den christlichen Glauben und bin in gleicher Weise «offen» für alle Weltanschauungen.

Wenn Sie liebe Leserin, lieber Leser, sich innerlich für den christlichen Glauben entschieden haben und damit das christliche Welt- und Menschenbild Ihre Grundlage ist, dann können Ihnen die kommenden Hinweise dienen. Diese mögen als Hilfen verstanden werden, um eine persönliche Unterscheidung vollziehen zu können.

1. Nichtchristliche spirituelle Heilverfahren

Hier geht es um spirituelle Heilverfahren und Praktiken, deren Quellen in der Regel nicht ohne Weiteres sofort offensichtlich sind. Wir sprechen deshalb oft von verborgenen (okkulten*) Quellen. Das heisst: Der Ursprung der Quelle bleibt geheim und wird in der Regel auch nicht offen dargelegt.

Meist sind es Menschen, die auf eine Art und Weise «mehr» können und besondere Kräfte und besonderes Wissen haben. Sie berufen sich in der Regel auf besondere Methoden, Erleuchtungen und Begegnungen, Geistwesen, verstorbene Heiler, kosmische Energie, auf göttliche Kräfte und manches mehr. Nicht wenige können zahlreiche Heilungserfolge vorweisen, die sie auch im Internet veröffentlichen. Solche Praktiken werden auch von religiösen und «integeren» Menschen ausgeführt, die oft selbst die Problematik ihres Tuns nicht ohne Weiteres erkennen.

Zu solchen nichtchristlichen, spirituellen Heilverfahren gehören alle Methoden von Geistheilung (wie z. B. verschiedene Methoden von Handauflegen wie Therapeutic Touch*, Reiki*, Besprechen*, Schamanismus*, Chakra-Therapie*, Pranaheilen*). Weiter gehören dazu auch spiritistisches Heilen und spiritistische Erkenntnisse; Satanismus, Hexenkult*, Wahrsagerei*, Hellsehen*, Astrologie* (Horoskope), Tarotkarten, schwarze und weisse Magie*, Orakelbefragung*, der Gebrauch von Amuletten* und Talismanen*.

1.1. Geistheilung (Gesundbeten)

Nach dieser Aufzählung wollen wir uns dem Bereich der Geistheilung zuwenden. Heute kann man fast keine Zeitung oder Zeitschrift mehr aufschlagen, ohne auf Angebote von Geistheilern zu stossen. Was ist davon zu halten?

Verschiedene Gruppen

Eine Gruppe von Geistheilern beruft sich auf den Geist von Verstorbenen[45], von «besonderen Menschen», von grossen Persönlichkeiten. Sie verbinden sich mit ihnen, um deren geistige Kräfte zu be-

[45] Z. B. Bruno Gröning (1906-1959), um den sich ein Freundeskreis und eine Heilungsbewegung gebildet haben.

anspruchen. Diese Verbindung, dieser Kontakt mit Verstorbenen wird Spiritismus* genannt.

Eine andere Gruppe von Geistheilern versucht sich innermenschlicher, unbewusster Kräfte zu bedienen, wie etwa Hellsehen und Gedankenlesen. Wir sprechen hier von Parapsychologie und aussersinnlicher Wahrnehmung, weil es sich um Vorgänge handelt, die noch nicht ganz oder noch gar nicht von der wissenschaftlichen Psychologie erforscht sind.

Energiemedizin

Vom medizinischen Standpunkt aus gesehen wird die Geistheilung als Energiemedizin betrachtet. Die Energiemedizin gibt es in vielen verschiedenen Kulturen mit unterschiedlichen Bezeichnungen. Die Energie[46] wird in der traditionellen chinesischen Medizin *chi* genannt, in der indischen ayurvedischen Medizin *prana*, in der japanischen Medizin *ki*. Bei uns gebräuchliche Namen sind: Lebensenergie, Ur-Energie, kosmische Energie, göttlicher Kraftstrom und andere mehr.

Das Weltbild

Nach diesem Weltbild soll die Energie das ganze Universum durchdringen und sich im einzelnen Menschen als das «menschliche Energiefeld» manifestieren. In der Energiemedizin (Geistheilung) wird nicht primär der menschliche Körper in den Blick genommen. Heilung geschieht vielmehr auf der Ebene von Energiezufuhr und der Lösung von Energieblockaden, was von neuem den Energiefluss ermöglichen soll. Diese Lebensenergie wird als nichtphysisch und universal vorgestellt und sie durchdringt alles, was lebt. Die Energie des Einzelnen ist eine lokale Manifestation der unendlichen Energiefelder, die das Universum durchdringen.

Dieses Energiefeld, das auch Aura* genannt wird, besteht aus verschiedenen Schichten, denen verschiedene «Energiekörper» zugesprochen werden wie z. B. der Ätherkörper, der Astralkörper, der

[46] Es sei an dieser Stelle angemerkt, dass man natürlich nicht jedes einzelne Wort «auf die Goldwaage» legen darf, wenn Therapeuten mit ihren Worten eine Therapie und ihre Wirkmechanismen erläutern. Das Wort «Energie» kann auch mechanisch, physikalisch wie auch christlich gebraucht werden. Auch der Heilige Geist kann als Kraft, als «Energie» beschrieben werden. Deshalb ist genau hinzuhören, was mit diesem Ausdruck gemeint ist.

Mentalkörper, der Kausalkörper und der Spiritualkörper. Nach der hinduistischen Vorstellung wird die Energie durch Chakren* in die verschiedenen Schichten und schliesslich in den menschlichen Körper transformiert.

Gesundheit resultiert aus dem Gleichgewicht dieser Energien im Körper und dem ungehinderten Energieaustausch mit der Umgebung. Blockaden des Energieflusses führen zu vielfältigen Störungen und Krankheiten.

Während elektromagnetische Energien objektiv nachgewiesen werden können, konnte die Existenz dieser geistigen Lebensenergie bisher nicht nachgewiesen werden. Da das menschliche Energiefeld nicht objektiv festgestellt werden kann, ist die Meditation* (oder spezielle Techniken) ein wichtiger Aspekt der Energiemedizin. Durch Meditationsübungen erreichen die Energietherapeuten angeblich eine höhere Bewusstseinsstufe, die ihnen eine Wahrnehmung des Energiefeldes ermöglicht und durch die sie auch Anleitung zur Heilung bekommen.

Diese Anleitung kann intuitiv sein, wie bei Dr. Edward Bach, als er seine Bachblüten-Therapie entwickelte. Sie kann aber durch andere Wege, wie zum Beispiel beim Reiki direkt von Geistwesen kommen. Zuweilen gibt es zu dieser «grossen Energie» Vermittler, auch Geistführer genannt, oder irgendwelche personale Wesen, welche die erforderliche Verbindung mit der göttlichen universalen Heilskraft herstellen.

Therapien, die auf der Energiemedizin basieren, sind z. B. Qi-Gong, Reiki, Tai Chi und Therapeutic-Touch.

Verborgene Quelle

Nach dem christlichen Weltbild gibt es eine solche nichtphysische Energie[47] neben dem Heiligen Geist nicht. Die Quelle dieser Energie ist also verborgen. Sie ist entweder nicht real oder es kommen gar widergöttliche Mächte und Kräfte ins Spiel. Dann wurde zu ei-

[47] Die Unterscheidung ist für die folgenden Darlegungen grundlegend. Nach christlichem Verständnis gibt es keine «neutrale» nichtphysische Energie, wie sie auch immer genannt wird. Entweder stammen Kräfte und Energien von Gott und Seiner Schöpfungsordnung oder «stammen» von der widergöttlichen geistlichen Welt der gefallenen Engel.

nem bestimmten Zeitpunkt eine Verbindung[48], eine Art «Bund» mit der widergöttlichen Geisterwelt (vereinfacht dem Teufel) gesucht und eingegangen. Dieser Verbindung (Bund) muss nicht von der Geistheilerperson persönlich geschlossen worden sein, sondern kann auf die Eltern, die Grosseltern oder auch weitere Generationen zurückgehen, über die Generationen hinweg weitergegeben oder vererbt worden sein.

Es kann sein, dass diese «Ursprungsperson» eine grosse gesundheitliche oder andere Not hatte und durch eine angebliche «Engelserscheinung» oder eine andere Erscheinung (z. B. eines Verstorbenen) Hilfe angeboten bekam. Mit der angebotenen Hilfe kann mitunter die «Gabe» mitgeliefert sein», dies auch bei anderen zu tun.

Wenn man nun zu solch einem Heiler mit der Bitte um Heilung geht, so wird man automatisch auch Teil seiner Verbindung mit den dämonischen Kräften, da man ja von dieser Kraft, die hinter diesen Fähigkeiten steht, etwas erhalten will. So öffnet man sich. Das gilt auch für Fernheilungen oder Behandlungen über das Telefon.

Wirkungen

Tatsächlich erreichen Geistheiler relativ häufig eine Beseitigung von körperlichen Symptomen: Störende Schmerzen wie etwa Rheuma oder Migräne verschwinden ganz oder teilweise. Das bedeutet natürlich zunächst für den Patienten eine erhebliche Erleichterung. Aber zunächst muss man abwarten, wie lange die heilende Wirkung anhält. Handelt es sich nämlich vorwiegend um Suggestion, wird in den meisten Fällen die schmerzlindernde Wirkung relativ rasch nachlassen.

Und sind – vielleicht vom Geistheiler unbeabsichtigt und unerkannt – Kräfte des Bösen mit ins Spiel gekommen, so wird es zusätzlich zu der heilenden Wirkung noch Nebenwirkungen geben, die vom Patienten oft gar nicht mit der Geistheilung in Verbindung gebracht werden: Er klagt dann plötzlich über Unruhe, Nervosität, Angstzustände, Schlaflosigkeit, vielleicht sogar über Glaubenszweifel, Unlust am Beten, am Bibellesen und Zur-Kirche-Gehen, über Unfrieden in der Familie und am Arbeitsplatz.

---

[48] Diese Verbindung (Bund) muss nicht bewusst mit den widergöttlichen Geistern (dem Teufel) eingegangen worden sein. Bei Reiki* z. B. verbindet man sich durch verschiedene Einweihungsrituale (unbewusst) mit den Mächten und Kräften der verborgenen Welt.

Dies kann man auch bei guten Christen, die sich nichts ahnend und gutgläubig zum Gang zu einem Geistheiler haben bewegen lassen, feststellen. Vielleicht gingen sie dorthin, weil der Hausarzt ihnen in ihrer Not nicht weiterhelfen konnte oder diesen Weg sogar empfohlen hat.

1.2. Unterscheidungskriterien zur Geistheilung

Diese Darlegungen können irritieren, verunsichern und Fragen hervorrufen. Deshalb ist es gut, innezuhalten und einige Kriterien der Unterscheidung zu beachten.

Aber das ist doch gut!

Auf den ersten Blick erscheint vieles gut und sogar christlich, wie positives Denken, Loslassen, Respekt und Liebe. So heissen z. B. fünf Reiki-Prinzipien, die jeweils nur für das Heute gelten:

- Ich lebe in der Haltung der Dankbarkeit
- Ich mache mir keine Sorgen.
- Ich werde nicht ärgerlich.
- Ich mache meine Arbeit so gut ich kann.
- Ich zeige jedem Lebewesen Liebe und Respekt.

Diese Haltungen sind grundsätzlich zu bejahen. So entspricht vieles, was uns im Bereich der alternativen und spirituellen Heilverfahren oder in östlichen Philosophien und Religionen als Grundhaltung und Grundsatz begegnet, den christlichen Lebenshaltungen. Ebenso kann dabei die Bibel und Jesus selbst zitiert werden. Und dennoch müssen wir tiefer fragen: Woher kommen die scheinbaren Heilkräfte dieser Heilverfahren und Erkenntnisse? Was sind ihre innersten Quellen? Und welches Weltbild wird vermittelt?

Reiki* kennt keinen Glauben an einen persönlichen Schöpfergott. Die Quelle der universellen Energie ist verborgen. Während wir Christen unser Leben Jesus Christus anvertrauen (weihen) und Ihn bitten, in uns zu leben und durch den Heiligen Geist und durch uns zu wirken, gibt es bei Reiki verschiedene Einweihungsrituale an verborgene (okkulte) Kräfte und Mächte. In Reiki gibt es verschiedene Grade mit insgesamt neun Einweihungsritualen. Reikimeister der höheren Grade können auch Fernbehandlungen durchführen.

Heilung mit welcher «göttlichen» Kraft?

«Aber dieser Heiler redet ja auch von Jesus und Gott!» Auf eine solche Aussage hin gilt es zu prüfen und zu unterscheiden: Welcher Gott und welcher Jesus ist damit gemeint[49]?

Werfen wir einen Blick auf das Neue Testament. Bereits zu dieser Zeit gab es Auseinandersetzungen mit verschiedenen Weltanschauungen. Scheinbar war dies im Umfeld, in dem der Verfasser des Ersten Johannesbriefes lebte, auch der Fall. Dort lesen wir: *«Wer ist der Lügner - wenn nicht der, der leugnet, dass Jesus der Christus ist? Das ist der Antichrist: wer den Vater und den Sohn leugnet. Wer leugnet, dass Jesus der Sohn ist, hat auch den Vater nicht; wer bekennt, dass er der Sohn ist, hat auch den Vater» (1 Joh 2,22–23).* Und: *«Traut nicht jedem Geist, sondern prüft die Geister, ob sie aus Gott sind; denn viele falsche Propheten sind in die Welt hinausgezogen. Daran erkennt ihr den Geist Gottes: Jeder Geist, der bekennt, Jesus Christus sei im Fleisch gekommen, ist aus Gott. Und jeder Geist, der Jesus nicht bekennt, ist nicht aus Gott» (1 Joh 4,1–3a).*

Drei Aspekte sind hier wesentlich: Erstens: Das Bekenntnis von *«Vater und Sohn»*. Man kann nicht Vater oder Sohn isoliert betrachten und von einander trennen. Dies zu tun entspräche nicht der Wirklichkeit Gottes. Das christliche Gottesbild ist die Dreifaltigkeit: Ein Gott in drei Personen.

Zweitens: Jesus ist nicht irgendeiner unter anderen. Nein, Er ist *«der Christus»*, der Messias, der Gesandte Gottes. Er ist die zweite göttliche Person der Dreifaltigkeit.

Und drittens: Jesus Christus ist im *«Fleisch gekommen»*. Hier wird die Menschwerdung Gottes angedeutet: Mit anderen Worten: Jesus ist ganz Gott und ganz Mensch zugleich.

Wann immer von Jesus gesprochen und die Bibel zitiert wird, gilt es zu klären, ob diese Einzigartigkeit der Person Jesus Christus gemeint ist oder ob Er nur eine (die idealste) Verkörperung der göttlichen Kraft oder einer göttlichen Wiedergeburt ist.

---

[49] Dazu kommt noch, dass es so genannte «christliche» Versionen z. B. von Reiki gibt. Da wird zusätzlich zur «Reiki-Kraft» zu Jesus Christus gebetet. Doch ist hier die Basis Reiki und das echte Gebet ist eine Zutat. In diesem Sinn kann nicht von göttlicher Heilung oder Heilung durch das Gebet gesprochen werden. Vgl. das am 25. März 2009 veröffentlichte Schreiben der Bischöfe der USA mit dem Originaltitel: «GUIDELINES FOR EVALUATING REIKI AS AN ALTERNATIVE THERAPY. Committee on Doctrine United States Conference of Catholic Bishops». Nr. 8.

Die Gabe der Unterscheidung

Zu dieser mehr theologischen, intellektuellen Unterscheidung ist uns das Charisma der Unterscheidung anvertraut; *«die Fähigkeit, die Geister zu unterscheiden» (1 Kor 12,10).*

In dieser Gabe schenkt der Heilige Geist Licht in die dem menschlichen Verstand verborgenen Bereiche. Dadurch kommen wir in eine neue tiefere Ebene der Wahrnehmung, die uns nicht ohne weiteres zugänglich ist.

Freies Geschenk oder selbst erworben?

Ein wesentlicher Aspekt der Unterscheidung betrifft den Ursprung der Gabe. Deshalb müssen wir fragen: Wie kommen Menschen zu Heilungsgaben? Charismen gibt Gott nämlich einer Person immer direkt und nie vermittelt über andere Personen oder «Kanäle». Auch sind sie nicht vererbbar. Man kann sich ihnen nur öffnen und in keiner Weise selbst etwas erreichen. Und Gott selbst behält sich die Freiheit, diese Gaben auch wieder zurückzunehmen.

In einer charismatischen Gabe wirkt immer Jesus im Heiligen Geist. Sein Wirken ist nicht berechenbar und machbar. Wer eine charismatische Gabe hat, bleibt immer abhängig vom Heiligen Geist, in dessen Freiheit es ist, wie Er wirken möchte[50]. Solche Heilungsgaben bedürfen wie alle anderen Gaben der Prüfung. Sie dienen dem Aufbau des Reiches Gottes und dem Heil des Menschen. Sie verherrlichen Gott.

Im Gegensatz zu den Charismen, die von Gott in freier Weise geschenkt werden und die damit begabten Personen in Abhängigkeit von Gott halten, wird bei Geistheilern oft auf verborgene Mächte zurückgegriffen. Der Mensch *selbst* ist durch bestimmte Rituale, Übungen, Meditationen oder auch wie beim Gesundbeten durch Vererbung zu «Mehr» gekommen. In der Regel sind dies «mediale» (das heisst durch bestimmte Methoden, Praktiken vermittelte) Begabungen, die jedem zugänglich sind, wenn er die entsprechenden Übungen oder Rituale vollzieht.

Im Gegensatz zur Freiheit der Charismen haben Gesundbeter einen Zwang, die Gabe weiterzugeben, sei es über Bücher oder durch

---

[50] «Der Heilige Geist schenkt einzelnen Menschen ein besonderes Heilungscharisma, um zu zeigen, wie wirkkräftig die Gnade des Auferstandenen ist. Selbst intensivste Gebete erlangen jedoch nicht die Heilung aller Krankheiten» (KKK 1508).

Anleitung oder spätestens beim Sterben an Familienangehörige. Doch der Geist Gottes ist ein Geist der Freiheit (vgl. 2 Kor 3,17).

Welche Kräfte wirken?

Die meisten Geistheiler geraten in Verlegenheit, wenn man sie fragt: «Wie stehen Sie zur Kirche, zu Ihrer Pfarrgemeinde? Besuchen Sie den Gottesdienst und empfangen Sie die Sakramente?» Häufig lautet die Antwort: «Das brauche ich nicht, darüber bin ich hinaus!» Damit aber ist auch schon der eigentliche Unterschied zwischen Geistheilung und Heilung durch den Heiligen Geist genannt.

Ein ehemaliger Geistheiler, der von seiner Verbindung mit der Gegenseite nichts wusste, hat seine Gabe, nachdem er dem auferstandenen Jesus Christus sein Leben übergeben hatte, verloren. Damit wird auch der Unterschied klar. Wer seine Gabe in den Dienst Gottes (und damit Jesus Christus) stellen will, gibt Ihm immer wieder seine Gabe zurück und bittet um Reinigung der Gabe von allem Egoistischen und Verkehrten. Er bittet darum, nur das von Gott zurückzuerhalten, was in Seinem Willen steht und Ihm gefällt.

Folgen einer Behandlung

Noch etwas ist bei der Unterscheidung wichtig: die Folgen. Macht eine Behandlung frei oder zieht sie ganz subtil jemanden in den Bann und führt zur Abhängigkeit? Paulus sagt: *«Alles ist mir erlaubt – aber nicht alles nützt mir. Alles ist mir erlaubt, aber nichts soll Macht haben über mich» (1 Kor 6,12).*

Merkwürdigerweise genügt in der Regel eine erste Behandlung aus okkulten Quellen nicht. Vielmehr wächst das Bedürfnis nach weiterer Hilfe und Methoden, was letztlich in die Abhängigkeit führen kann. Eine Sogwirkung in die Geistheilungswelt kann die Folge sein. Damit bekommt das körperliche und psychische Wohlbefinden einen immer grösseren Stellenwert.

Hier zeigt sich, wie subtil Verführung geschieht. Verführung geschieht in der Regel nicht dadurch, dass man direkt gegen Gott kämpft, sondern dadurch, dass anderes wichtiger und schlussendlich zum Gottesersatz wird. Heute wird unzähligen Menschen vermittelt, der Glaube bestehe darin, dass sie selbst Gott seien; dass sie keinen Schöpfer und Erlöser brauchen, wenn sie nur ihr «inneres göttliches Selbst» suchen. Diese Vergötterung des Ichs ist exakt die Verführung im so genannten Paradies (vgl. Gen 3). Jede Methode, egal ob sie 1'000 Jahre alt oder ganz neu ist, die dem Menschen zum Glück verhelfen will und dabei den Weg zu Gott ohne unsere persönliche Umkehr darlegt, birgt die Gefahr der Absonderung von Gott in sich.

Zusammenfassung: Mächte und Energien, die ihren Ursprung nicht vom Heiligen Geist beziehungsweise vom dreieinigen Gott der Bibel haben, sind vom christlichen Glauben her abzulehnen, da sie dem wahren Heil des Menschen schaden, auch wenn sie vorübergehend in bestimmten Bereichen Linderung und Hilfe geben können. Denn sie führen von Jesus Christus, dem wahren Heil, weg und blockieren oder verhindern die bleibende «himmlische» Heilung.

1.3. Philosophie und Menschenbild

Alle spirituellen Heilverfahren haben als Grundlage ein bestimmtes Bild (eine Vorstellung) von der Welt, vom Menschen und vom Sinn des Lebens. Dies kann eine philosophische Sichtweise sein. Solche rein philosophischen Sichtweisen und Vorstellungen können durch andere Sichtweisen und Vorstellungen ersetzt werden. Anders ist es bei der religiösen Weltanschauung. In der Religion[51] geht es um eine Bindung. Religion zeigt, woran sich unser Herz bindet, wem oder was wir Vertrauen schenken. Nun kann aber eine philosophische Sichtweise in eine religiöse Weltanschauung übergehen.

Die unterscheidende Frage ist nun, wie weit ein nichtchristliches, spirituelles Heilverfahren an eine nichtchristliche Weltanschauung *gebunden* ist. Oder anders gefragt: Kann dieses Heilverfahren auch losgelöst vom philosophischen und religiösen Hintergrund fruchtbar praktiziert werden? Mit andern Worten: Können diese Heilverfahren «umbenannt» werden, so dass nicht mehr kosmische Energie den Menschen durchfliesst, sondern seine natürliche Lebenskraft oder die Kraft des Heiligen Geistes?

Was kann «umbenannt»[12] werden?

In der Frage, welche Heilverfahren «umbenannt» werden können und welche nicht, gehen die Meinungen auch unter Christen aus-

[51] Re-ligio bedeutet Rückbindung.

[52] Bedenkenswert wäre es, ob nicht bei manchen Heilverfahren eine Änderung des Namens hilfreich oder sogar notwendig wäre, um die Distanzierung zur ursprüng-

einander. Wo entschiedene Christen uneins sind, darf jeder der persönlichen Führung des Heiligen Geistes vertrauen. Diese Führung kann je nach Situation unterschiedlich ausfallen. Während einige dankbar bestimmte Heilverfahren, die ursprünglich mit einer östlichen Philosophie verbunden waren, annehmen, werden andere dies nicht tun.

Zu den Heilverfahren, die von weltanschaulichem Hintergrund gelöst werden können, zählt man bestimmte Formen der Kinesiologie, Akupunktur, Akupressur und autogenes Training. Diese Dinge können als Geschenk von Gott in Anspruch genommen werden. Ich selbst habe einige Zeit eine Form der Akupressur von einer christlichen Therapeutin als Geschenk Gottes angenommen. Die Therapeutin betete während der Behandlung und teilte mir jeweils anschliessend Eindrücke mit, die sie im Gebet empfangen hat.

Doch auch solche Heilungsverfahren können, wenn sie nicht bewusst in den christlichen Heilungsweg eingebaut werden, die Türe zur wahren und tiefen Heilung verschliessen. Denn die Gefahr besteht darin, dass man sich nicht an den Dreifaltigen Gott, die Quelle des Heils wendet, sondern bestimmte Methoden vergötzt. Und je nach Therapeut kann etwas von der geistlichen Haltung des Therapeuten «einfliessen».

2. Die Person des Therapeuten (Arztes)

Damit sind wir bei einem sehr entscheidenden Bereich angekommen: Bei der Person des Therapeuten. Diese Person ist bei vielen Heilverfahren, bei denen spirituelle Elemente mitspielen, ausschlaggebend. Denn je nach dem geistigen Hintergrund und der persönlichen Lebensquelle des Therapeuten kann dieselbe Methode oder dasselbe Heilverfahren Schaden oder Heil bringen. Denn ein und dieselbe Therapie kann auf verschiedene Weise und unter verschiedenen Vorzeichen praktiziert werden.

---

lich begleitenden Weltanschauung zu kennzeichnen (z. B. statt «Traditionell Chinesische Akupunktur» «Westliche Akupunktur»). Damit würden Christen deutlich machen, dass sie einerseits das während Jahrtausenden gewachsene erfahrungsmedizinische Wissen der Menschen in China nutzen wollen, aber losgelöst vom Bekenntnis zur taoistischen Religion oder zur konfuzianistischen Philosophie.

Der eine Therapeut ist zum Beispiel Christ[53]: Er behandelt die Menschen im biblischen Sinne ganzheitlich und achtet auf eine sorgfältige, wissenschaftlich abgesicherte Diagnose. Wenn nötig, überweist er den Patienten an einen Arzt. Ein anderer Therapeut lebt z. B. im esoterischen Gedankengut (auch wenn er sich christlich gibt und eventuell sogar in den Gottesdienst geht), und kann so den Patienten unbewusst in esoterische Bereiche hineinziehen. Ein Sog kann entstehen. Ebenso kann es geschehen, dass die ursprüngliche Behandlungsmethode zwar in Ordnung ist, dann aber weitere Methoden empfohlen werden, die es nicht mehr sind.

Geistig-religiöse Beheimatung

Deshalb ist nicht nur das Wissen über die Therapie und die Art ihrer Wirksamkeit wichtig, sondern ebenso die Person und die Weltanschauung (Religion) des Therapeuten. Dabei können folgende Fragen hilfreich sein:

- Zu welcher Weltanschauung oder Religion gehört der Therapeut?
- Was glaubt er persönlich und wie wichtig ist ihm Spiritualität?
- Gehört er zu einer Kirche?
- Wie kommt er zu der spirituellen Kraft, die er vermittelt?
- Können auch andere diese Therapieform praktizieren oder wird der Therapeut zu einem «Guru»?
- Welche Ausbildungswege ist er gegangen?
- Versucht er mir seine Weltanschauung aufzudrängen? Verspricht er mir Heilung? Benützt er seine Therapie im guten Sinne der Diagnostik oder betreibt er Prophetie (Zukunftsvorhersage)?
- Führt er mich zur Eigenverantwortung und Selbständigkeit, oder arbeitet er gar mit Angst und führt mich in eine Abhängigkeit?

Therapeuten, die im christlichen Sinne arbeiten, werden darauf bereitwillig Auskunft geben. Denn sie haben nichts zu verstecken.

---

[53] Es gibt auch christliche Schulen (vgl. z. B. www.cdkschweiz.ch) für ganzheitliche Heilverfahren, die Ausbildungen in verschiedenen Therapien und Massagen anbieten.

Wer als gläubige Person sich einer Operation oder einer Therapie unterzieht, weiss, dass Gott der Herr über allem ist. Dann ist es gut, sich selbst und die Ärzte/Therapeuten unter den Schutz und die Herrschaft Jesu Christi zu stellen.

Ein Mensch, der sich und den behandelnden Arzt unter den Willen Gottes stellt, spürt oft selbst, ob ihm die Behandlung zum Guten gereicht oder nicht. Wichtig ist es, zum innersten Eindruck zu stehen, den Weg treu im Gebet zu gehen und notfalls eine Behandlung abzubrechen.

3. Einzelne Bereiche näher betrachtet

Zwei Bereiche, die in christlichen Kreisen oft kontrovers diskutiert werden, wollen wir noch betrachten.

3.1. Homöopathie

Die Homöopathie (aus dem Griechischen: Homoion pathos, was übersetzt soviel wie «ähnliche Krankheit» heisst), wurde durch den Arzt, Chemiker und Apotheker Samuel Hahnemann (1755–1843) bekannt. Durch seine Unzufriedenheit mit der damaligen Medizin, deren Behandlungsmethoden sich im Wesentlichen darauf beschränkten, «böse Säfte» mittels Aderlässen, Erbrechen, Schwitzen und Abführen «auszutreiben», widmete er sich verstärkt Studien über Heilpflanzen und Heilmittel und der Übersetzung von ausländischen Forschungsergebnissen. Dabei stiess er auf einen englischen Artikel über die Wirkung der Chinarinde. In anschliessenden Selbstversuchen fand er heraus, dass die Chinarinde, von Gesunden eingenommen, Symptome des Wechselfiebers hervorruft, während Patienten, die an Wechselfieber litten, durch die Einnahme von Chinarinde geheilt wurden.

Aus den Ergebnissen seiner Versuche formulierte Hahnemann den Grundsatz der Homöopathie: Ähnliches wird durch Ähnliches[54] geheilt. Das Verdienst Hahnemanns war es, dieses Prinzip für die Medizin (durch zahlreiche Versuche über die Wirkung von Pflanzen, Mineralien und tierischen Stoffen) nachvollziehbar und nutzbar zu machen. Um mögliche Vergiftungserscheinungen zu vermei-

[54] Schon Hippokrates verkündete dieses Heilsgesetz: «Durch das Ähnliche entsteht die Krankheit und durch Anwendung des Ähnlichen wird die Krankheit geheilt».

den, kam Hahnemann sehr schnell dazu, mit Verdünnungen der Heilsubstanz zu arbeiten. Dabei fand er heraus, dass höher verdünnte Substanzen den Kranken oft schonender und schneller heilten, als konzentrierte. Aufgrund dieser Erkenntnis nannte er dieses Verfahren der ansteigenden Verdünnung der Ursubstanz «potenzieren[55]».

Drei Richtungen

Heute gibt es mehrere Richtungen in der Homöopathie: die klinische (auch naturwissenschaftlich-kritische Homöopathie genannt), die hauptsächlich die niederen Verdünnungsstufen und Mischungen aus mehreren Ausgangsstoffen benutzt, und die klassische Homöopathie, die nach ausführlichem Anamnesegespräch ein Einzelmittel verordnet, die gesamte Symptomatik des Patienten erfasst und somit eine sehr individuelle Verschreibung darstellt.

In letzter Zeit ist noch eine dritte Form der Homöopathie auf dem Markt der alternativen Heilmethoden erschienen: die «Neue Homöopathie». Diese hat nichts mehr mit der wissenschaftlich fundierten und von Hahnemann begründeten Homöopathie zu tun. Diese «neue Homöopathie» gehört eindeutig in den Bereich der Esoterik[56] und ist aus christlicher Sicht abzulehnen.

Beurteilung

Die Beurteilung der Homöopathie (zumindest der klinischen und der klassischen Homöopathie) spaltet gläubige Christen. Weshalb? Die entscheidende Frage ist: Was wirkt hier? Nach heutigen wissenschaftlichen Erkenntnissen wissen wir nicht, was genau in der Homöopathie wirkt. Denn bei Potenzen über der 12. Verdün-

---

[55] Diese Wortwahl wird heute von seinen Kritikern als Beweis für die spirituelle Dimension dieser Heilmethode angeführt – wie auch die Begriffe «Lebenskraft» und «geistartig». Diese Begriffe waren zu seiner Zeit allgemein verbreitet und drücken die Vorstellung aus, dass jedem Lebewesen eine innewohnende Kraft als Zielgerichtetheit der Entwicklung vorhanden ist. Wenn Hahnemann den Begriff «geistartig» verwendet hat, so geschah dies nicht im Sinne von «geistig» oder «vergeistigt». Hier wurde seine romantische Sprache falsch interpretiert.

[56] Mit der so genannten «Körblerrute» (nach dem Erfinder benannt), werden Krankheitszustände und Heilmittel ausgetestet, und die Behandlung erfolgt meist nicht mit homöopathischen Arzneimitteln, sondern mit so genannten «Strichcodes», die entweder direkt am Patienten aufgebracht werden, oder unter Arznei- oder Lebensmittel angebracht werden und energetisch wirken sollen.

nungsstufe ist kein chemisches Molekül des Ausgangsstoffes mehr vorhanden.

Einige befürchten nun, dass hier widergöttliche Kräfte im Spiel seien, zumal Hahnemann Kontakt mit Freimaurern[57] und Spiritisten hatte. Andere vertrauen darauf, dass die wissenschaftliche Forschung in einigen Jahrzehnten[58] die Wirkung belegen kann.

Letztlich muss die Frage, ob Homöopathie einzusetzen sei oder nicht, jeder Einzelne für sich entscheiden. Wer keine grundsätzlichen Probleme mit der Homöopathie hat, möge sich einen vertrauenswürdigen und erfahrenen Therapeuten suchen, der nicht von der Vorstellung der Energiemedizin ausgeht, denn sonst kann durch einen solchen Therapeuten das Tor zur Esoterik geöffnet werden.

3.2. Pendeln

Menschen benutzen in der Regel das Pendel medial, um dadurch Informationen zu erhalten. In der zweiten Hälfte des 19. Jahrhunderts haben zwei französische Priester[59] mit grossem «Erfolg» das Pendeln betrieben und es in kirchlichen Kreisen salonfähig gemacht. So gab (und gibt) es auch fromme Priester und Klosterfrauen, die gependelt haben (oder dies noch immer tun). Wie ist das Pendeln zu bewerten?

Einige nehmen das Pendel in die Hand, weil sie Gutes erreichen und den Menschen dienen wollen. In diesem Sinn benutzen viele das

[57] Der Vorwurf, Hahnemann sei Freimaurer und Spiritist gewesen, ist bis heute nicht belegt! Andererseits wird Hahnemann als tiefgläubig und bescheiden geschildert. «Nicht ich, sondern Gott heilt die Kranken», ist ein Ausspruch aus seinem Mund. Und selbst wenn er Freimaurer gewesen wäre, müssen wir uns die Frage stellen, ob wir aufgrund dessen die Heilmethode der Homöopathie, die auf der Naturwissenschaft basiert, verwerfen müssen! Wenn die Glaubensqualität des geistigen Urhebers Entscheidungskriterium wäre, dann müssten wir sowohl die Relativitätslehre als auch das geniale Musikschaffen Mozarts verwerfen, denn beide, Einstein und Mozart, waren Freimaurer.

[58] Denn aus der Vergangenheit können wir lernen, dass das, was unseren derzeitigen Erkenntnisstand überschreitet, trotzdem sein kann. Zur Schöpfung Gottes gehören viele unerklärliche Dinge. Die dürfen wir nicht schon deswegen den widergöttlichen Geistern zusprechen, weil wir sie nicht erklären können oder weil sie aus dem nichtchristlichen Raum stammen. Auch Kopernikus und Galilei wurden für ihre Behauptung, die Erde drehe sich um die Sonne, bitter angefeindet und verfolgt. Beide waren in ihrem Wissen ihrer Zeit voraus, konnten dies aber mit den damals zur Verfügung stehenden Mitteln nicht beweisen.

[59] Einer war Abbe Alexis Mermet, Rektor der Chapelle de St. Madeleine, Jussy bei Genf (gest. 7. 9. 1937).

Pendel, um den Menschen zur Gesundheit zu verhelfen. Zugleich kann das Pendel auch benutzt werden, um an Informationen zu gelangen, die anderen schaden. Eine Frage lautet deshalb: *Wie* gebraucht jemand das Pendel?

Eine weitere Frage ist, durch was das Pendel in Bewegung kommt? Verschiedene Experimente, die an Universitäten durchgeführt wurden – unter anderem am Parapsychologischen Institut in Freiburg im Breisgau – haben gezeigt, dass jeder Gedanke oder Willensimpuls im Körper Aktivitäten freisetzt, die sich auf den kleinsten Muskel übertragen können und somit auch das Pendel in Schwingung bringen können. Das Ergebnis des Pendelns ist demnach nicht objektiv. Es ist immer (auch) beeinflusst durch den Therapeuten.

Damit kommen wir zu einer tieferen Frage: Ist das Pendel ein gottgewolltes oder gottwidriges Werkzeug? Denn auch die gute Absicht würde falsche Mittel nicht rechtfertigen (vgl. KKK 2116). Damit ist die Frage verbunden: Woher kommen die erhaltenen Informationen? Kommen sie vom Heiligen Geist? Aus dem eigenen Unterbewusstsein? Ist dort so viel Wissen vorhanden oder kommen die Informationen auch aus einer verborgenen Geisteswelt? Ist alles gemischt?

Im Buch Deuteronomium lesen wir: *«Es soll bei dir keinen geben, der seinen Sohn oder seine Tochter durchs Feuer gehen lässt, keinen, der Losorakel befragt, Wolken deutet, aus dem Becher weissagt, zaubert, Gebetsbeschwörungen hersagt oder Totengeister befragt, keinen Hellseher, keinen, der Verstorbene um Rat fragt. Denn jeder, der so etwas tut, ist dem Herrn ein Gräuel» (Dtn 18,10–13).*

Was hier als *«Losorakel»* – und als widergöttliches Werkzeug bezeichnet wird – beziehen Menschen mit der Gabe der Erkenntnis auf das Pendel. Sie bezeichnen das Pendel als ein mediales und widergöttliches Werkzeug, das letztlich dem Heil des Menschen im Wege steht. Dabei wird auf Folgendes hingewiesen:

Erstens: Nicht Gott steht im Zentrum, sondern das Medium Pendel[60]. Nicht Gott wird gefragt, sondern das Pendel, das auf alle mög-

[60] Beim Pendeln verhält es sich ähnlich wie beim Tischrücken, dass nur Ja/Nein-Antworten möglich sind. Das kontaktierte Geistwesen wird gebeten, seine Ja-Antworten z. B. durch Schwingen in Längsrichtung anzuzeigen und Nein-Antworten in Querrichtung. Leider ist von allen spiritistischen Techniken beim Pendeln die Wahrscheinlichkeit am grössten, dass sich das eigene Unterbewusstsein in die Kom-

lichen Fragen wie ein Automat Antworten gibt. Die Art und Weise, wie Gott Antworten gibt, ist nicht so einfach. Oft gehört es zum Glaubensweg, dass Er uns zumutet, mit offenen Fragen zu leben. Wenn jedoch das Pendel im Zentrum steht, wird es zu einer Art «Gott», was Götzendienst ist.

Pendeln kann süchtig machen. Pendel-Aussteiger berichten, wie sie sich durch das Pendel in schwer wiegende Abhängigkeit begeben hatten und sich kaum mehr trauten, irgendeine Entscheidung ohne das Pendel zu treffen: «Ich wollte keine Verantwortung übernehmen und war froh, dass das Pendel alles Wesentliche für mich entschied.»

Zweitens: Menschen, die pendeln, bleiben in ihrem geistlichen Wachstum zurück. Wesentliche Bereiche ihres geistlichen Lebens bleiben dadurch erstarrt und verhindern so die tiefe persönliche Erfüllung. Oft möchte Gott die Sensibilität dieser Menschen durch den Heiligen Geist läutern, vertiefen und ihnen Seine Charismen schenken. Doch weil sie am Pendeln festhalten, wird dieses ihnen zum Hindernis. Dies zeigen auch die folgenden Erfahrungen:

Erste Erfahrung

Bruder Franz Bommer ist seit Jahrzehnten Krankenbruder im Benediktinerkloster in Disentis. Vielen Kranken steht er mit Rat und Tat zur Seite. Einige Erfahrungen teilt er uns im folgenden Gespräch mit:

Sie haben mehr als 10 Jahre gependelt, wie sind Sie dazu gekommen?

Durch den bekannten Mitbruder P. Thomas Häberle. Er hatte während circa 50 Jahren bei kranken und Hilfe suchende Menschen den Krankheitsherd ausgependelt. Er war sieben Jahre lang mit Altersgebrechen bei mir auf der Krankenstation. Durch ihn kam ich mit dem Pendel und dem Pendeln in Kontakt.

Was wollten Sie mit dem Pendeln erreichen?

Ich wollte für die Hilfe suchenden Menschen in ihren verschiedensten Krankheiten und Anliegen eine Therapieform oder eine Antwort suchen.

Was hat Sie bewogen, mit Pendeln aufzuhören?

Für mich war die Anwendung des Pendels stets ein Provisorium. In mir kam der Wunsch auf, die Hilfe suchenden Menschen zum

---

munikation einschaltet. Daher sind erhaltene Informationen insbesondere hier mit der grössten Vorsicht zu geniessen (www.paranormal.de/spiritismus/pendeln).

Wort Gottes und zum Heiligen Geist zu führen, damit sie dadurch in der Liebe Jesu Heilung erfahren.

Auch spürte ich in mir das Verlangen, in mir und bei den suchenden Mitmenschen den Glauben an den Dreieinigen Gott zu stärken und diese Menschen zu begleiten. Das geschieht nur im Gebet, da haben das Pendel und sonstige Techniken nichts zu suchen. Die Techniken stören die Entfaltung und das Wirken des Heiligen Geistes im Menschen.

In all dem wurde ich bestärkt durch ein Gespräch mit dem Arzt und Diakon Philipp Madre, den ich bei der Leiterschulung der Erneuerung aus dem Geiste Gottes im Oktober 1999 kennenlernen durfte.

Was hat sich seither in Ihrem Dienst an den Kranken verändert?

Heute besteht mein Dienst darin, die Anliegen einfühlsam anzuhören, die Menschen zu Jesus, zum Wort Gottes hinzuführen und zum Gebet anzuleiten, damit in diesen Menschen der Glauben wachsen und somit innerlich und äusserlich Heilung erfolgen kann, mit oder ohne ärztliche Eingriffe und therapeutische Massnahmen.

Was würden Sie heute einer Person sagen, die pendelt?

Ich bin glücklich, dass ich nicht mehr pendeln soll und es nicht mehr kann. Meine Berufung ist, mich selbst und Mitmenschen in verschiedensten Anliegen im Glauben an den Dreieinigen Gott und Seine Heilkraft anzuleiten. In diesem Dienst ist das Pendel deplatziert.

Zweite Erfahrung

Melanie Gähwiler erzählt: «Als Kind habe ich spielerisch gependelt. Es war damals einfach nur spannend, ein Zeitvertreib. Ich wusste nicht, dass ich damit widergöttliche Geister in mein Leben einlud, ihnen die Tür öffnete und in ungewollte Abhängigkeit geriet. Woher sollte ich es wissen? Ich hörte keine frei machende, starke, wahre und Gott ehrende Verkündigung.

Trotzdem fand ich zu einer lebendigen, persönlichen Gottesbeziehung. Ich erfuhr und erlebte, dass es dieses aus tiefster Seele gesuchte und ersehnte Gegenüber wirklich gibt. Bei allem freudigen Vorwärtsgehen und geistlichem Wachstum kam ich über einen Punkt nicht hinweg. Wie durch ein Gummiband gehalten, wurde ich zurückgezogen, egal wie sehr ich mich bemühte.

Schliesslich entdeckte ich mit der Hilfe des Heiligen Geistes meine Sünde. Nachdem ich sie gebeichtet hatte, erlebte ich, wie Dunkelheit von mir abfiel und wie ich in einer neuen Freiheit aufatmen konnte. Unbegründete Ängste, die mich zeitweise überfielen, waren und blieben verschwunden.

Seitdem wurde ich in einen intensiven Dienst für das Reich Gottes und in eine konsequente Nachfolge geführt. Ich lebe mehr und mehr in der Freiheit und in der Autorität der Kinder Gottes und es erfüllt mich mit Traurigkeit, wenn ich sehe, dass eigene Glaubensgeschwister, (auch Priester und Ordensleute) in mancherlei Gebundenheiten mühselig, sich nach Erfüllung sehnend, durchs Leben gehen.»

3.3. Rutengehen

Eine besondere Form des Pendelns ist das Rutengehen, um Wasseradern und schädigende Erdstrahlungen zu entdecken und diese in der Folge zu unterbinden oder abzuschirmen. Was ist davon zu halten?

Gott schuf die Erde vollkommen. *«Es war sehr gut» (Gen 1,31).* Aber durch den Sündenfall wurde auch die Schöpfung verwundet und wird wie der Mensch vom Widersacher missbraucht. Doch Jesus Christus hat nicht nur den Menschen erlöst, sondern ebenso die Schöpfung!

Nun aber nehmen Menschen mit besonderer Sensibilität Wasseradern und gesundheitsschädigende Spannungsfelder wahr. Und damit kommen diese Menschen in eine Entscheidungssituation: Wie sollen sie sich verhalten? Vertrauen sie der Erlösungskraft Jesu Christi oder bauen sie auf (verborgene) Mächte zur Abschirmung?[61]

Dazu muss man auch erwähnen, dass manche Rutengeher nach dem Feststellen eines Störfelds eine teure Lösung parat haben. Dem Ratsuchenden bleibt dann in seiner Not oft nichts anderes übrig, als ein teures Unterbett oder eine Entstörungsanlage zu kaufen.

Wo immer Menschen okkulte Fähigkeiten wie Pendeln, Rutengehen und Abschirmen in Anspruch nehmen, weisen sie letztlich Gottes Sorge und Fürsorge, die Er uns schenken möchte, zurück. Sie berauben sich selbst einer Erfahrung des lebendigen Gottes.

---

[61] Wenn jemand unter Wasseradern leidet, sollten wir zunächst an natürliche Hilfen denken wie z. B. das Verstellen des Bettes, des Sofas usw.. Ebenso kann das Gebet um Schutz eine wirksame Hilfe sein.

4. Seelsorgerliche Hinweise und Hilfen

Immer und in allen Situationen hat Gott für uns Heilungswege bereit. Selbst dann, wenn wir uns in alle möglichen Bereiche des Widergöttlichen verstrickt haben. Damit wir Seine Heilungswege verstehen können, muss uns bewusst werden, in welche Abhängigkeiten und Unfreiheiten wir geraten sind.

Eine Legende erzählt: Zur Zeit des heiligen Nikolaus lebte ein Kaufmann, der war sehr reich. Tag und Nacht dachte er nur daran, wie er noch reicher werden könnte. Eines Tages trat der Teufel an ihn heran und fragte ihn: «Möchtest du nicht der reichste Mann auf der ganzen Welt werden und mehr besitzen als alle anderen Menschen zusammen? Ich gebe dir alles Geld der Welt, aber nur unter der Bedingung, dass du mir deine Seele gibst.» Unermesslich reich zu sein, davon hatte der Kaufmann immer geträumt, und so ging er auf dieses beste Geschäft seines Lebens, wie er meinte, ein.

Wer sich okkulten Quellen geöffnet hat ...

Diese Legende zeigt auf, was die seelsorgerliche Erfahrung bestätigt. Wenn Menschen sich auf widergöttliche Bereiche einlassen, erhalten sie dafür etwas[62], zugleich aber «verlieren» sie einen Teil ihrer Seele. Wer sich vom Bösen (auch unwissentlich) helfen lässt, wird meist gebunden. Eine Art innere Blockierung, Widerstand, Unfreiheit ... vor allem gegen Gott und Seine Wahrheit, entsteht.

Eine okkulte Belastung kann dann entstehen, wenn jemand

- sich auf irgendwelche magischen Praktiken eingelassen hat. Dazu gehören spiritistische Sitzungen, Tischrücken, Tarotkarten legen, Anrufungen von Geistern, Totenbeschwörungen, Zauberei, Blutsverschreibungen und vieles mehr.
- zur Wahrsagerei, zum Pendeln und Besprechen Zuflucht genommen hat und sich solchen Menschen anvertraute.
- in der Familie spiritistische oder satanische Praktiken vollzogen wurden. Eine negative Übertragung auf unbeteiligte Familienmitglieder ist häufig zu beobachten. Des Weiteren können auch die Praktiken anderer Familienmitglieder, besonders der unmittelbaren Vorfahren, zu Störungen führen, welche verschiedene

[62] Das kann – wie bereits erwähnt – auch die Befreiung von Beschwerden oder Schmerzen sein und psychische oder physische Stärkung sowie Erfolg, Macht über Menschen oder Reichtum.

Heilungspraktiken in Anspruch nahmen, in denen widergöttliche Kräfte wirkten.

Im Ersten Gebot spricht Gott von möglichen Belastungen bis zur dritten oder vierten Generation (vgl. Dtn 5,10). Bildlich gesprochen: Wer schmutziges, verseuchtes oder vergiftetes Wasser trinkt, in dessen Körper kann etwas vom Schmutz und Gift zurückbleiben. Von solchen «Rückständen» muss man befreit werden, um in die ganze Fülle des Lebens zu finden.

... braucht Abkehr und Heilung

Wer Jesus nachfolgt, dem kann der Heilige Geist im Licht der Liebe Gottes zeigen, dass er sich in widergöttliche Bereiche eingelassen hat. Auch wenn ihm dies nicht bewusst[63] war oder solches gar in der Kindheit geschah, können sich widergöttliche Belastungen festgesetzt haben.

Wenn jemand nun erkennt, dass er sich in widergöttliche Bereiche (Sünde gegen das 1. Gebot) eingelassen hat oder ihm bewusst wird, dass möglicherweise widergöttliche Belastungen auf ihn gekommen sind, sind folgende Heilungsschritte angebracht:

1. Dem Widergöttlichen absagen

Im Namen Jesu *allem Widergöttlichen absagen*, in welches man sich eingelassen hat. Ebenso ist es nötig, sich von der die Verbindung zu Personen, durch die Widergöttliches auf uns kam (und damit meist auch von den Personen selbst), namentlich zu trennen und *Gott um Verzeihung zu bitten.*

Wo es möglich ist, soll das Busssakrament mit der sakramentalen Lossprechung durch einen Priester gesucht werden. Wo dies nicht möglich ist, können alle Bereiche, von denen man sich trennen will, bewusst bei der Eucharistiefeier auf den Altar gelegt werden. Denn dort wird Jesus Christus in der Erlösungskraft Seines Todes und Seiner Auferstehung gegenwärtig und wirksam.

2. Taufannahme oder -erneuerung

In der Taufe *sein Leben an Jesus Christus zu binden* und Ihn als alleinigen Retter anzunehmen. Das beinhaltet seit den Anfängen des Christentums bis heute ein dreifaches (das heisst ein totales) sich

[63] Im Gegensatz zum Heiligen Geist, der unsere Freiheit in allem respektiert, dringen die widergöttlichen Mächte überall ein, wo sich ihnen eine Möglichkeit bietet.

Abwenden vom Bösen: Ich widersage[64] dem Teufel und trenne mich bewusst von allem Widergöttlichen sowie ein dreifaches sich Öffnen der Liebe Gottes, «Ich glaube»: Ich binde mein Leben an den dreifaltigen Gott. Ich vertraue Ihm die Führung des Lebens an und nehme das Evangelium als Richtschnur und Massstab des eigenen Lebens an. Das *Gebet um Loslösung und Befreiung* von allem Widergöttlichen und dessen Auswirkungen vollendet diese beiden Schritte.

Je nach Situation können nun folgende Schritte zusätzlich angebracht sein. *Gebet um Heilung*, wenn man etwas Widergöttliches in Anspruch genommen hat und Bitte *um Erfüllung mit dem Heiligen Geist*.

3. Säuberung und Reinigung

Alle *Gegenstände* (auch Bücher, CDs, ...), die mit der okkulten Tätigkeit zusammenhängen, *vernichten.* Dazu können auch Gegenstände gehören, die aus okkult belasteten Gebieten als Erinnerung mitgenommen oder als Geschenk empfangen wurden.

Dazu kann auch gehören sich vom magischen Weltbild und dualistischen Gottesbild (Gut und Böse seien gleich stark) zu trennen. Ebenso sind zwanghafte und absichernde Einstellungen aufzugeben, denn Jesus hat den Sieg errungen und ist Herr über alle Mächte.

4. Die Gaben Jesus anvertrauen

Wenn man selbst besondere Gaben und Fähigkeiten besitzt und ausübte, sind weitere Schritte nötig: Aufkünden der Dienstbereitschaft dem Bösen gegenüber, im Namen Jesu sowie die *Rückgabe der medialen Fähigkeiten* an Gott.

---

[64] Noch heute stellt der Zelebrant den Eltern und Paten bei der Taufe in einer der drei folgenden Formen die Frage, ob sie dem Teufel widersagen: 1. Formel: «Widersagen Sie dem Bösen, um in der Freiheit der Kinder Gottes leben zu können?» «Widersagen Sie den Verlockungen des Bösen, damit es nicht Macht über Sie gewinnt?» «Widersagen Sie dem Satan, dem Urheber des Bösen?» 2. Formel: «Widersagen Sie Satan?» «Und all seiner Bosheit?» «Und all seinen Verlockungen?» 3. Formel: «Widersagen Sie dem Satan und allen Verlockungen des Bösen?»

Anhang

In diesem Anhang werden zu einzelnen Bereichen erste Informationen in verkürzter Form abgegeben. Viele Hinweise stammen aus den empfehlenswerten Büchern «Handbuch Alternativ-Medizin. Darstellung und Beurteilungen aus christlicher Sicht» sowie «Wege der Heilung?» (vgl. Literaturverzeichnis), aus «Wikipedia, die freie Enzyklopädie[65]» aus dem Internet, sowie von Fachleuten, die uns mit Rat zur Seite standen.

Das Anliegen dieses Anhanges ist neben den Kurzinformationen eine Unterscheidung aus christlicher Sicht.

Akupunktur

Akupunktur (lateinisch *acus* = Nadel, *punctio* = das Stechen) ist ein Teilgebiet der Traditionellen Chinesischen Medizin (TCM). Feine Nadeln werden durch die Haut eingebracht und in den «Akupunkturpunkt» gestochen, der je nach Art des Punktes in unterschiedlicher Tiefe liegt. Die Prozedur bereitet im Allgemeinen keine oder nur sehr geringe Schmerzen.

Sowohl Akupunktur als auch Akupressur basieren auf der Vorstellung, dass der Körper über eine unsichtbare Lebensenergie verfügt, die in unsichtbaren Bahnen fliesst. Verändert sich der Fluss oder ist er behindert, kommt es im Körper zu einem Ungleichgewicht, das Krankheiten verursachen kann.

Bisher ist es nicht gelungen, die Wirkweise der Akupunktur vollständig zu klären. Was man aber weiss: An vielen definierten Akupunktur-Punkten treten Nervenbündel durch eine Muskellücke unter die Haut. Ebenfalls weiss man, dass die Nervenreize durch die Akupunktur die Weiterleitung von Schmerzsignalen an das Rückenmark hemmen. Durch die Nadelung werden vermehrt Endorphine (schmerzhemmende Substanzen) und Neurotransmitter (Botenstoffe im Gehirn) produziert, die auf die Funktion entfernt liegender Organe einwirken. Die Durchblutung verbessert sich, die Mus-

[65] Hier ist nicht alles wissenschaftlich abgesichert. Doch für ein erstes Verstehen und ein erste Beurteilung können diese Hinweise oft hilfreich sein.

kulatur entspannt sich. Damit erklärt man die gute Wirkung der Akupunktur sowohl bei Schmerzzuständen, Depressionen und Ängsten als auch bei Suchterkrankungen.

Die rein europäische Methode der Akupunktur (Auriculomedizin, Ohrapunktur) wurde vom französischen Arzt Dr. Nogier (Lyon) entwickelt und 1952 erstmals publiziert. Diese Methode ist ohne jegliche fernöstliche Beeinflussung entstanden.

Beurteilung: Akupunktur kann sowohl als reine Methode oder als Teil der Traditionellen Chinesischen Medizin (TCM) mit der weltanschaulichen Lehre des Taoismus, die unter anderem die Reinkarnation und Pantheismus lehrt, angewandt werden. Deshalb ist es (auch hier) ratsam, sich vor der Behandlung zu erkundigen, wer die Methode anwendet (der geistliche Hintergrund des Therapeuten) und ob die Akupunktur als reine Methode oder mit dem weltanschaulichen Hintergrund angewandt wird. Im zweiten Fall ist auf jeden Fall davon abzuraten.

Akupressur/Shiatsu

Die Akupressur (lateinisch *premere* = Drücken) ist eine Heilmethode, die insbesondere in der Traditionellen Chinesischen Medizin (TCM) und der japanischen Medizin angewendet wird. Akupressur ist eine einfache Massagetechnik, im chinesischen Medizinsystem angewandt. Heutzutage wird in China Akupressur zur Selbstbehandlung gegen Verspannungen und Ermüdung sowie als Vorbeugung gegen Krankheiten empfohlen. Dasselbe gilt für Shiatsu, das die japanische Variante darstellt.

Akupressur wie Shiatsu beruhen darauf, den Energiefluss, der durch Krankheit oder ungesunden Lebensstil gestört ist, wieder ins Gleichgewicht zu bringen, indem Druck an gewissen Punkten der (nach dieser Methode vorkommenden) Meridiane, (im Körper verlaufende Energiebahnen), ausgeübt wird.

Beurteilung: Wie bei Akupunktur.

Amulett

Ein Amulett (lateinisch *amuletum* - «Kraftspender») ist ein Gegenstand, dem magische Kräfte zugeschrieben werden, mit denen er Glück bringen und vor Schaden schützen soll. Amulette werden am Körper (oft auch als Schmuck) oder in der Kleidung getragen, in

Fahrzeugen oder der Behausung aufbewahrt oder dem Vieh umgehängt. Sie können aus einer Vielzahl von Materialien bestehen und durch sie soll der Träger passiv geschützt werden. Beim Amulett wirkt die Vorstellung mit, dass magische Kräfte auf den Menschen einwirken, denen er durch das Amulett entgegenwirken könne.

Beurteilung: Als Form des Aberglaubens abzulehnen.

Anthroposophie

Die Anthroposophie (wörtlich: Weisheit über den Menschen) ist eine von Rudolf Steiner (1861-1925) begründete Lehre, eine Geistes- und Geheimwissenschaft, welche Einsicht in die höheren Welten vermitteln will. Dazu gehört auch eine besondere Lehre über Jesus Christus, die den fundamentalen Glauben an Jesus, als den menschgewordenen Sohn Gottes, im Innersten auflöst.

Durch seine geisteswissenschaftlichen Forschungen kam Rudolf Steiner zur Ansicht, dass zur Zeit der Zeitenwende nicht einer, sondern zwei Jesusknaben geboren worden sind, der nathanische und der salomonische Jesus, die beide dem Geschlecht Davids entstammen sollen. Dabei beruft er sich unter anderem auf die unterschiedlichen Geburtserzählungen im Matthäus- und im Lukas-Evangelium. Der Jesusknabe im Matthäus-Evangelium ist für Rudolf Steiner eine Reinkarnation von Zarathustra.

Im zwölften Jahre verlässt Zarathustra den Körper dieses Knaben und geht hinüber in den Körper des anderen Jesus-Knaben, den das Lukas-Evangelium schildert. Daher wird dieses Kind so plötzlich ganz anders, nachdem in ihn der Geist des Zarathustra eingetreten war. Damit erklärt Steiner das Staunen seiner Eltern als sie ihren Knaben im Tempel in Jerusalem wiederfinden.

Bis zum dreissigsten Jahre lebte der Geist des Zarathustra in dem Jesus-Jüngling, der aus der nathanischen Linie des Hauses David stammte. «In diesem andern Körper reifte er heran zu einer noch höheren Vollendung. Noch ist zu bemerken, dass in diesem andern Körper, in dem jetzt der Geist des Zarathustra lebte, das Eigentümliche war, dass in dessen Astralleib der Buddha seine Impulse aus der geistigen Welt einstrahlen liess. ...Das alles war notwendig, damit der Leib zustande kommen konnte, welcher dann am Jordan den Christus in der 'Johannes-Taufe' empfing.» (Rudolf Steiner)

Jesus sei also nicht mit dem Christus identisch. Der Geist des Christus, welcher mit der Taufe am Jordan in den Jesus eingezogen war, soll diesen wieder vor seinem Tod am Kreuz verlassen haben. Darum habe Jesus am Kreuz gerufen: «Mein Gott, mein Gott, warum hast du mich verlassen?» Daraus wird offensichtlich, dass die Lehre von Rudolf Steiner über Jesus Christus das innerste Geheimnis des christlichen Glaubens zerstört. Denn Christus wird als reines Lichtwesen verstanden, das auf der Sonne beheimatet war und nunmehr zum Geist der Erde geworden ist und nicht als der Mittler zwischen Gott und Mensch.

Die Absicht der Anthroposophie, alle Lebensbereiche zu durchdringen, wirkt auf viele Menschen anziehend, was sich besonders in der anthroposophischen Medizin und in den Waldorfschulen zeigt. Die Popularität dieser Schulen beruht besonders darauf, dass mehr auf individuelle musisch-künstlerische Erziehung Wert gelegt wird als auf Leistung in traditionellen Wissensfächern.

Auch wenn die Waldorfschulen keine Weltanschauungsschulen sein wollen, wirkt dort ebenso der «Geist der Anthroposophie». So werden die Wiedergeburt, die Vorstellung von den sieben Jahresphasen des Lebens und *das anthroposophische Geschichtsverhalten gelehrt.*

Bei Rudolf Steiner ist folgender Aspekt der Reinkarnationsidee wichtig: Der menschliche Geist sucht sich selbst bestimmte Schicksalsfügungen aus. Er sucht sich beispielsweise seine Eltern aus, seine Krankheiten, seinen Lebensweg. Dem zugrunde liegt die Vorstellung, dass die menschliche Seele mit dem Ziel, sich in der neuen Wiedergeburt zu vervollkommnen, sich die dafür «geeigneten» Lebensmöglichkeiten selbst wählt, auch wenn dies schwierige Lebensbedingungen sind. Denn was vom irdischen Standpunkt aus als leidvolles Geschick erscheint, ist in den Augen der Anthroposophen ein gesuchter notwendiger Weg zur Weiterentwicklung und Vervollkommnung.

Die Wirkung der *anthroposophischen Medizin* und auch die oben genannte Möglichkeit der Wahl des Lebensweges, beruht auf Steiners Lehre der vier Wesensglieder - der so genannte physische Leib, Ätherleib, Astralleib und das Ich – die in zeitlich verschobenen Phasen nach und nach «geboren» werden. (Zwei dieser Wesensglieder besitzen laut Steiner die Fähigkeit, den Körper zu verlassen und sich in der geistlichen Welt Anleitung von höheren Geistwesen zu holen. Ziel ist es letzten Endes so erleuchtet zu sein, dass man in der geistlichen Welt lesen kann – nämlich die Vergangenheit, die Gegenwart und vor allem die Zukunft). Die anthroposophische Lehre glaubt nun, dass Krankheit von einem Ungleichgewicht der vier Wesensglieder herrührt. Das heisst, man versucht mit entsprechenden Globuli oder Tropfen das eine oder andere Wesensglied zu stärken und dafür den Aktivitätslevel anderer herunter zu setzen.

Beurteilung: Die Lehre von Rudolf Steiner widerspricht wie oben Genanntes klar zeigt dem christlichen Glauben.

Astrologie/Horoskop/Tierzeichen

Der Begriff «Astrologie» setzt sich aus den Wörtern *astros* (= Stern, Gestirn) und *lagos* (= Rede, Begriff Lehre) zusammen und kann wörtlich mit «Sternenlehre» übersetzt werden. Die Astrologie ist ein System aus Lehren, Überlieferungen und Glaubensgrundsätzen, die zum Ziel haben, aus Sternkonstellationen Hinweise auf Personen und Ereignisse auf der Erde zu erhalten.

Die Astrologie besagt, dass der Lebensweg der Menschen durch die Stellung der Sterne mitbestimmt wird. Astrologen versuchen, aus der Konstellation der Gestirne Aussagen über Schicksal, Zukunft, Charakter usw. abzuleiten. Am stärksten schlägt sich die Astrologie im Horoskopglauben nieder. Die Grundregeln der Astrologie werden der Esoterik zugerechnet.

Im modernen naturwissenschaftlichen Weltbild geht man davon aus, dass die Planeten keinen direkten Einfluss auf die Menschen ausüben und in wissenschaftlichen Studien werden die Aussagen und Vorhersagen der Astrologie nicht bestätigt. Im Unterschied zur Astrologie beschäftigt sich die Astronomie mit dem Aufbau, den Veränderungen und den Bewegungen der Himmelskörper. Sie ist die wissenschaftliche Beschäftigung mit dem Firmament.

Von ihrem Entstehen im vorchristlichen Jahrtausend an bis ins sechzehnte Jahrhundert wurde jedoch nicht zwischen Astrologie und Astronomie unterschieden. «Astrologie entstand, als man noch glaubte, die Erde stehe im Zentrum des Universums und die Himmelskörper würden jeden Tag einmal um die Erde kreisen. Astrologie möchte mit dem Geburtshoroskop irdische Ereignisse vorhersagen, persönliche Schicksale analysieren oder günstige Zeiten für Handlungen wählen. Aber seit etwa 300 Jahren haben sich unsere Kenntnisse über den Aufbau des Universums und die darin wirkenden Kräfte gewaltig verbessert und verändert. Doch die Astrologie lebt noch immer in jener Zeit, als man in den Sternen Götter sah, die das Schicksal der Menschen bestimmen. Während dieser 300 Jahre hat sich eine klare Trennung zwischen Astronomie und Astrologie vollzogen. An Astrologie glauben heute keine Astronomin und kein Astronom.» Prof. Dr. Harry Nussbaumer, Institut für Astronomie an der ETH Zürich. Zitiert aus «Sonntag» 3 (2009).

«Horoskop» ist ein griechisches Wort. Man versteht darunter die auf Ort, Tag und Stunde eines Ereignisses, besonders einer Geburt, berechnete Stellung der Gestirne. Ein solches Horoskop wird in der Astrologie als Grundlage für Charakter- und Schicksalsdeutungen benutzt.

Die bekanntesten Formen des Horoskops sind: Geburtshoroskop (soll die Prägung des Charakters des Neugeborenen bestimmen), das Elektionshoroskop (soll die günstigen Zeitpunkte für geplante Unternehmungen zeigen), das Partnerschaftshoroskop (soll Aufschluss über die Beziehung zwischen Menschen geben) und dann kommen noch die Horoskope, die regelmässig in Zeitungen und Zeitschriften veröffentlicht werden.

Die Grundlage für das Horoskop bildet der Tierkreis. Als Tierkreiszeichen einer Person wird im Normalfall dasjenige bezeichnet, in dem die Sonne zum Zeitpunkt ihrer Geburt stand. Dem Tierkreiszeichen einer Person wird eine entsprechende Charakteristik zugesprochen, die allerdings wissenschaftlichen Untersuchungen nicht standhalten kann.

Beurteilung: Wer Horoskopen sein Vertrauen schenkt, macht sich selbst unfrei. Er liefert sich ein Stück weit einem blinden Schicksal aus. Christen dagegen glauben, dass ein liebender Gott uns stets die Freiheit zur Entscheidung gibt, stets liebend für uns da ist und unser Leben wandelt. Von da her ist zu fragen, ob das Tragen eines Sternzeichens (Tierkreiszeichen) um den Hals nicht dem christlichen Glauben widerspricht. Ein Kreuzzeichen wäre sicher richtiger.

Die Horoskope der Regenbogenpresse sind sowieso nicht ernst zu nehmen, da sie mit ihren vagen Vorhersagen immer irgendwie auf jeden zutreffen. Auch die alljährlichen Vorhersagen bekannter Astrologen zu Gesellschaft, Politik und Umwelt waren im Rückblick zu 95% nicht zutreffend. Da ist es doch verwunderlich, warum trotzdem so viele Leute bei Umfragen zugeben, die Horoskope in der Regenbogenpresse regelmässig zu lesen. Zumindest wir Christen sollten uns kritisch hinterfragen, wie unser Umgang mit

Horoskopen ist. Denn auch das, was spielerisch über lange Zeit getan wird, prägt uns und verwässert unsere Werte.

Aura

In verschiedenen esoterischen Lehren bezeichnet man mit «Aura» den feinstofflichen Energiekörper des Menschen. Die Aura umgibt den physischen Körper eines jeden Lebewesens wie eine zweite Hülle. Noch bevor sich Krankheiten im physischen Körper manifestieren, verändert sich der Zustand der Aura, und hellsichtige Menschen (behaupten sie) können dies auf Grund der Farbe der Energie in der Aura erkennen.

Beurteilung: Lehren in Zusammenhang mit «Aura» entsprechen nicht dem christlichen Glauben und folglich ist davon abzuraten. Etwas, was in diese Richtung gehen könnte, ist im christlichen Bereich der Heiligenschein, durch den die Künstler die besondere Ausstrahlung Jesu Christi - oft auch in und durch Menschen - darstellen. Etwas von dieser Ausstrahlung können wir auch heute bei Menschen feststellen. Sie ist jedoch etwas wesentlich anderes als die Aura.

Ayurvedische Medizin

Ayurveda (wörtlich: Das Wissen vom guten Leben) ist eine religiös inspirierte Philosophie, eine altindische Seins- und Gesundheitslehre, die Krankheit als Störung des inneren Gleichgewichts zwischen Körper-, Seele- und Geistebene auffasst, das es wiederherzustellen gilt. Die ayurvedische Medizin behandelt die Klienten mit Meditationen, Körper- und Atemübungen (zum Beispiel Yoga), Entgiftung des Körpers und Ernährungsumstellungen.

Beurteilung: Ayurveda ist ein abgeschlossenes System mit stark religiös-philosophischem Hintergrund. Nach Meinung der Ayurveda-Mediziner ist eine Kur auch nur dann wirksam, wenn die zugehörige «innere Reinigung» durch Meditationen und Yoga (so genannte «Bewusstseinstechnologien») begleitet wird. Deswegen ist hier grosse Vorsicht angebracht.

Die nützlichen Aspekte ayurvedischen Medizin (z. B. manche ihrer Empfehlungen zu Ernährung) dagegen kann man durchaus übernehmen, ohne sich auf das System als Ganzes einzulassen. So hat die Schulmedizin schon längst die ayurvedischen Medikamente wissenschaftlich auf ihre Wirksamkeit hin geprüft, und zum Teil auch schon bei uns als zugelassene Arzneimittel auf den Markt gebracht (z.B. das Lebermittel Liv 52 und Weihrauch).

Bachblüten-Therapie

Die Bachblüten-Therapie wurde von Edward Bach (1886–1936) entwickelt. Bach war Arzt und ging davon aus, dass alle Krankheiten auf seelische oder charakterliche Probleme zurückzuführen seien. Diese rührten im Wesentlichen daher, dass Energieschwingungen, die den Menschen mit der Natur verbinden, gestört seien.

Charakterschwächen wie Hass, Egoismus, Grausamkeit, Stolz und Unsicherheit waren für ihn die eigentlichen Krankheiten. Er nennt 38 negative Seelenzustände, die sich in bestimmten Krankheitsbildern äussern. Bach entwickelte ein System von Pflanzen, mit deren Hilfe er glaubte, jede dieser Störungen beheben zu können. Im Gegensatz zur Homöopathie nach Hahnemann, die die Wirkung der verwendeten Arzneistoffe sehr genau untersucht, hat Dr. Bach die Wirkung der Pflanzen auf die einzelnen Gemütszustände nur intuitiv und damit willkürlich zugeordnet. Die Kraft dieser Essenzen beseitigt angeblich die Blockierungen der gestörten Energieschwingungen. Auch welche Essenz zu welchem Patienten passt, ermittelt der Therapeut meist nur durch Intuition, indem er den Patient die für ihn «passende» Essenz blind ziehen lässt. Hier gilt: «Intuition ist alles, nichts ist Zufall»!

Bach war Pantheist. Er glaubte nicht an einen personalen Schöpfergott. Das Versprechen, zur «Seelenreinheit» durch Bachblüten zu gelangen, klingt sehr nach Selbsterlösung. Denn durch die Einnahme ausgesuchter Blütenkonzentrate soll - laut Dr. Bach - der Charakter beeinflusst werden können.

Beurteilung: Für uns Christen ist auffällig, dass bei diesem Verfahren die Heilung von Charakterschwächen keine Umkehr im Denken, Reden und Tun mehr notwendig macht. Als Christen dürfen wir dagegen – Gott sei Dank – daran glauben, dass wir, mit der Gnade Gottes und unterstützt von der Liebe von Mitmenschen, unsere Schwächen überwinden können.

Besprechen / «Gesundbeten»

Das Besprechen ist eine Form von Magie. Besprochene Gegenstände und Personen sollen dem Willen desjenigen unterworfen werden, der die Besprechung durchführt. Klassisch ist z. B. das Besprechen von Warzen.

Dabei ist den Hilfe suchenden meist völlig unklar, worauf sie sich einlassen. Meist wird diese Hilfe als «Gesundbeten» bezeichnet, was von vielen Gläubigen als absolut christlich angesehen wird und in katholischen Gegenden weit verbreitet ist. Auffällig ist, dass dabei meist still (geheim) Gebete gemurmelt werden, die über Generationen hinweg weitergegeben wurden und nicht offen dargelegt werden.

Auch die Fähigkeit, wie zum Beispiel Warzen zu besprechen oder Brand zu löschen, wird in der Regel vor dem Tod einem anderen Familienmitglied weitergegeben. Dies wirft für Christen die Frage auf, ob es sich hierbei nicht um fragwürdige Verstrickungen und Folgen von ausgeübter Zauberei aus früheren Generationen handelt. Denn die dafür mit dem Bösen geschlossenen Bünde (eingegangene Verbindungen) wirken oft unerkannt durch Generationen weiter.

Beurteilung: Gott schenkt Seine Gaben (auch die der Heilung) jedem Menschen neu. Christliches Gebet ist eine vertrauensvolle Hinwendung zu Gott mit der Bitte um Hilfe und dem Vertrauen, dass Gott am besten weiss, was für uns das Beste ist. Christliche Gebete wirken nicht automatisch durch das Einhalten bestimmter Rituale oder Gebetsformeln. Das wäre Magie (ein Sich-verfügbar-machen von Kräften), was in jedem Fall (auch wenn etwas Gutes damit erreicht werden will) abzulehnen ist.

Buddhismus

Der Buddhismus ist mit weltweit etwa 375–500 Millionen Anhängern die viertgrösste Religion der Erde. Die Buddhisten berufen sich auf die Lehren des Siddhartha Gautama, der gemäss der Überlieferung 563 v. Chr. zur Welt kam. Er wird als «historischer Buddha» bezeichnet, um ihn von mythischen Buddha-Gestalten zu unterscheiden, die nicht historisch bezeugt sind. «Buddha» (wörtlich «Erwachter») ist ein Ehrentitel, der sich auf ein Erlebnis bezieht, das als Bodhi («Erwachen») bezeichnet und oft mit «Erleuchtung» übersetzt wird. Gemeint ist damit nach der buddhistischen Lehre eine fundamentale und befreiende Einsicht in die Grundbedingungen allen Lebens, aus der sich die Überwindung des leibhaften Daseins ergibt. Diese Erkenntnis nach dem Vorbild des historischen

Buddha durch Befolgung seiner Lehren zu erlangen, ist das Ziel der buddhistischen Praxis.

Nach der buddhistischen Lehre ist jedes Lebewesen einem endlosen Kreislauf (Samsara) von Geburt und Wiedergeburt (Reinkarnation) unterworfen. Ziel von Buddhisten ist es, durch ethisches Verhalten, durch die Kultivierung der Tugenden, durch die Praxis der «Versenkung» (Meditation und durch die Entwicklung von Mitgefühl und Weisheit) aus diesem Kreislauf herauszutreten. Kern der Lehre des Buddha sind die von ihm benannten Vier Edlen Wahrheiten: erstens die Erkenntnis, dass das Leben von Leid geprägt ist, zweitens die Erkenntnis, dass dieses Leid durch Begierde verursacht wird, drittens, dass die Begierde und somit das Leid durch tugendhaftes Leben und Meditation überwunden werden können und viertens, dass der Weg dahin über den achtfachen Pfad führt, der Handlungsanweisungen zum tugendhaften Leben gibt in deren Mittelpunkt Rücksichtnahme und Erkenntnis stehen.

Höchstes Ziel des Buddhismus ist es, dem Kreislauf der Wiedergeburten zu entkommen und ins Nirwana («Verlöschen») einzugehen. Beurteilung: Ist nicht mit dem christlichen Glauben vereinbar. Im Gegensatz zum Christentum lehnt der Buddhismus die Existenz eines Schöpfergottes ab, lehrt die Reinkarnation und kann als «Selbsterlösungsreligion» bezeichnet werden.

Chakra

Mit Chakra (wörtlich: *Rad, Diskus, Kreis*) werden im Hinduismus, im Yoga, in der Traditionellen Chinesischen Medizin (TCM) und in einigen esoterischen Lehren die subtilen Energiezentren zwischen dem Körper und dem Astralleib des Menschen und den verschiedenen Schichten des kosmischen Energiefeldes bezeichnet. Diese Energiezentren werden durch subtile Energiekanäle verbunden. Da sie materiell nicht fassbar sind, gibt es auch bis heute keinen medizinischen Beweis für ihre Existenz.

Es wird gesagt, dass das so genannte «Bauchchakra» im Bereich des Solarplexus, dem «Sonnengeflecht» liege, ein Ort, wo der Körper in besonderer Weise Wärme ausstrahlt. Medizinisch nachweisbar sitzen an dieser Stelle die meisten Nerven-Enden ausserhalb unseres Gehirns, was mit erklärt, warum Stress oder Ärger so oft «auf den Magen schlagen».

Beurteilung: Das Öffnen der Chakren ist aus christlicher Sicht problematisch und abzulehnen, weil man sich unter Umständen widergöttlicher Energie und Kräften öffnet.

Gefährlich wird es noch dazu, wenn (z.B. in Wochenendkursen) gelehrt wird, diese so genannten «Chakren» zu öffnen, denn dabei können tatsächlich Energien freigesetzt werden, mit denen man dann nicht umzugehen weiss.

Channeling

«Channeling» bedeutet «Kanalsein». Menschen stellen sich Geistern, Meistern oder Toten als Medium zur Verfügung. Die Botschaften werden in Trance, Versenkung oder Meditation empfangen.

Beurteilung: Für Christen ist dies kein Thema! Klar abzulehnen.

Daoismus

Der Daoismus (chinesisch *dàojiào* = «Lehre des Weges») wird auf Laozi (chin. «Der Alte Meister») zurückgeführt, der im 6. Jahrhundert v. Chr. gelebt haben soll. «Dao» bedeutete ursprünglich «Weg», im klassischen Chinesisch aber bereits auch «Methode» und «Prinzip». Dao ist die höchste Wirklichkeit und die uranfängliche Einheit. Aus dem Dao entstehen die «zehntausend Dinge», also sowohl der Kosmos, als auch die Ordnung der Dinge entsteht aus ihm. Der Daoismus wird als Chinas eigene und authentische Religion angesehen. Seit dem 2. Jahrhundert v. Chr. ist er eine mit magischen Elementen durchsetzte Volksreligion mit zahlreichen Gottheiten und «Heiligen».

Beurteilung: Widerspricht dem christlichen Gottes- und Weltbild. Zudem ist Magie stets abzulehnen.

Familienaufstellung

Die Familienaufstellung gibt es schon lange Zeit. Die Aufstellung der Familie ist in der Regel Teilaspekt einer umfassenderen Therapie. Diese Form des Familienaufstellens kann im Rahmen einer christlich orientierten Psychotherapie zum Einsatz kommen.

Bekannt ist heute die «Familienaufstellung nach Bert Hellinger». Anton Hellinger (geb. 1925) entstammt einem traditionell katholischen Elternhaus. Später wurde er Ordenspriester, hat dann aber einen anderen Weg eingeschlagen.

Heute gibt es viele, zum Teil sehr unterschiedliche Formen der Familienaufstellung. Sehr wichtig ist, dass die Aufstellungsarbeit in einem geschützten Rahmen stattfindet, und Teil einer umfassenden Therapie ist.

Beurteilung: Da es verschiedene Formen gibt, ist die entsprechende Form wie auch die geistliche Heimat des Therapeuten zu beachten.

Hellsehen

Von Hellsehen spricht man, wenn jemand behauptet, auf paranormalem Wege (nicht über die üblichen Sinne) Informationen zu erhalten, die sich auf einen bestimmten Gegenstand oder ein gleichzeitig ablaufendes physikalisches Ereignis in der Gegenwart beziehen. Im weiteren Sinne kann sich der behauptete Informationserwerb auch auf die Vergangenheit oder die Zukunft beziehen.

Unklar ist, aus welchen verschiedenen Quellen diese Informationen bezogen werden. Aus Erfahrung weiss man aber, dass viele Menschen im Nachhinein psychische Probleme haben, denn mit dem Vorhersagen der Zukunft geschieht immer auch eine Festlegung, eine Erwartung, die unser Verhalten nachweislich beeinflusst und damit unsere Freiheit beeinträchtigt. Um diese Freiheit zu schützen, verbietet die Bibel, die Zukunft im Voraus kennen zu wollen.

Beurteilung: Hellsehen wird heute oft als Form von Wahrsagerei angeboten und ist für Christen, die der Führung Gottes vertrauen, nicht angemessen.

Hinduismus

Der Hinduismus ist eine vielgestaltige indische Religion, deren Hauptmerkmale in der Anerkennung der heiligen Schriften der Veden und der Zugehörigkeit zu einem Kastensystem bestehen. Der Hinduismus ist mit etwa 900 Millionen Anhängern die (nach Christentum und Islam) drittgrösste Religion der Erde und hat seinen Ursprung in Indien. Seine Angehörigen werden «Hindus» genannt. Gläubige Hindus verstehen ihre Religion oft auch als Lebensart. Die ältesten heiligen Schriften des Hinduismus sind die Veden. Der Hinduismus kennt keine gemeinsame Gründerperson.

Götter, Menschen und Tiere durchwandern nach hinduistischer

Glaubensvorstellung in einem, durch ewige Wiederkehr gekennzeichneten Kreislauf die Weltzeitalter. Während des Lebens wird je nach Verhalten gutes oder schlechtes Karma angehäuft, was nach hinduistischer Vorstellung die zukünftigen Reinkarnationen und die «Erlösung» beeinflusst, die im Aufgehen im «kosmischen Bewusstsein» besteht.

Beurteilung: Christen glauben an den einen Gott in drei Personen (nicht unzählige Götter) und an den Erlöser Jesus Christus, in dem Gott selbst Mensch wurde, um uns für immer im ewigen Reich der Liebe aufzunehmen (keine Reinkarnation).

Hypnose

Der Begriff «Hypnose» stammt vom griechischen Wort *hypnos* (Gott des Schlafes), da man in der Anfangszeit der Forschung davon ausging, dass es sich um einen schlafähnlichen Zustand handelt. Hypnose ist ein Verfahren zur Erzeugung eines veränderten Bewusstseinszustandes, in welchem das Gehirn sich nicht unter der üblichen Kontrolle des rationalen Denkens befindet.

Die Praxis der Hypnose setzt – so sehen dies auch die Hypnotiseure selber – eine Vertrauensbeziehung zwischen Hypnotiseur und Patient voraus. Eine weitere Vorrausetzung ist die unterschiedliche Beeinflussbarkeit der Personen, die auch von ihren psychischen Verfassungen abhängt. Hypnose wird heute in vier Bereichen praktiziert: zur Unterhaltung, zur medizinischen Behandlung, in der psychologischen Beratung und zur Herbeiführung spiritueller Erlebnisse.

Beurteilung: Während der Einsatz der Hypnose bei medizinischen Eingriffen (meist zur Schmerzunterdrückung) unbedenklich ist, wird dringend davon abgeraten, sich zu Unterhaltungszwecken hypnotisieren zu lassen. Denn das Risiko, sich durch Hypnose dämonischen Einflüssen auszusetzen, ist real. Dies gilt insbesondere dann, wenn man sich durch Hypnose in so genannte «frühere Leben» zurückversetzen lässt. Psychisch labile Personen sind besonders gefährdet und durch ihren Leidensdruck oftmals bereit, «alles auszuprobieren».

Deshalb gilt gerade bei dieser Methode: Was glaubt der Therapeut? Aus welchen Quellen lebt er persönlich? Denn gerade in der tiefen Entspannung ist unser Unterbewusstsein offen, nicht nur für heilende Impulse, sondern für alles, was da begleitend auch noch mitwirkt.

Kinesiologie

1964 entdeckte der Chiropraktiker George Goodheart, dass eine Schwäche in bestimmten Muskeln durch die Massage anderer, scheinbar nicht mit ihnen zusammenhängenden Muskeln behoben werden kann. Darauf entwickelte er die Idee, dass Funktionsstörungen in den Muskeln auf bestimmte Probleme an Organen und Drüsen hinweisen könnten.

In der kinesiologischen Theorie ist Gesundheit ein komplexes Ineinandergreifen struktureller, chemischer und geistiger Komponenten, die viele unterschiedliche Therapien erfordern. Nach der Lehre der Kinesiologie sind die verschiedenen Muskelgruppen über «Energiebahnen» (die den Meridianen in der chinesischen Medizin ähnlich sind) mit den Organen und Systemen des Körpers verbunden. Zur Diagnose von Gesundheitsproblemen wird die Kraft eines relativ grossen Muskels getestet.

Soweit ist diese Methode, auch wenn noch nicht wissenschaftlich gesichert, nachvollziehbar. Denn wie schnell unsere Muskeln mitreagieren, haben wir sicher alle schon festgestellt: Bei einem Schreck zucken die Muskeln schneller zusammen, als wir uns der Situation bewusst sind. Dies geschieht über die körpereigene Feedback-Schleife unserer Muskulatur. So kann man sich vielleicht auch den Mechanismus erklären, warum z. B. ein Muskel beim Test schwach reagiert, wenn der Patient in Kontakt mit einem für ihn unverträglichen Lebensmittel kommt.

Ganz wichtig zu betonen ist aber der Hinweis, dass kinesiologische Austestungen nie Ersatz für andere körperliche sowie für Laboruntersuchungen sein dürfen!

Leider sieht die Praxis oft anders aus, und die Kinesiologie wird auch nicht mehr nur zur Diagnostik vorhandener Störungen benutzt, sondern auch schon zu «prophetischen» Voraussagen über die Entwicklung der Gesundheit, dem Medikamentenbedarf etc.

Beurteilung: Die heute angebotene Kinesiologie hat oft nur noch wenig mit der ursprünglichen Methode von Dr. Goodheart zu tun und mischt sich oft mit anderen Weltanschauungen, Religionen und Kulturen und dem New Age-Gedankengut. Der Markt ist fast nicht mehr überschaubar. Manche Kinesiologie-Richtungen arbeiten mit Chakrenkorrekturen oder Mudras (das sind Fingerstellungen, denen durch einen Behandler eine bestimmte Bedeutung oder Krankheit zugeordnet wurde, und deren Symbolcharakter das Unbewusste jedes Menschen verstehen soll). Weiter werden Runen (germanische Schriftzeichen) zur Veränderung, tibetanische Energien, hawaianische Heilkunst (Huna) und vieles mehr gelehrt und angewandt.

Daher gilt auch hier: sich den Therapeuten sehr genau anschauen, nach seinem geistigen Hintergrund fragen und wachsam bei der Behandlung sein. Dazu gehört auch, sich bewusst unter den Schutz Jesu Christi zu stellen und eine die Behandlung sofort zu beenden, wenn man sich dabei nicht mehr wohlfühlt.

Magie

Magie (griechisch: *mageía* = Zauberei) ist die Beeinflussung von Ereignissen, Menschen und Gegenständen auf übernatürliche Art und Weise. Der Magier versucht, diese Beeinflussung der von ihm angenommenen übernatürlichen Kräfte, Geister oder Dämonen mit Hilfe von Ritualen, Beschwörungsformeln oder ähnlichen Praktiken vorzunehmen.

Mit Schwarzer Magie wird in der Regel versucht durch Verwünschungen anderen zu schaden. Weisse Magie ist eine Form der Magie gemeint, deren Ziele Schutz, Hilfe und Heilung sind. Oft werden dazu Gebetsformen benützt, die sich an Gott, manchmal sogar an den Dreifaltigen Gott wenden.

Beurteilung: Selbst wenn Gutes erreicht werden will, ist Magie widergöttlich. Denn über Gott und Sein Wirken kann man nicht verfügen. Auch lässt Er sich nicht «anzapfen», sondern nur bitten! In jeder Form abzulehnen.

Medial / Medium

«Medial» bedeutet, durch ein Medium, z. B. durch das Pendel oder die Rute, oder auch mit Hilfe eines Verstorbenen, Informationen zu erhalten, die auf natürlichem Wege nicht verfügbar sind.

Ein Medium (lateinisch *medium* = Mitte, Mittelpunkt) ist etwas in der Mitte Befindliches, dazwischen Liegendes. Mit Medium ist oft eine Person gemeint, die Informationen (aus der okkulten Welt) übermittelt.

Beurteilung: Wie das Channeling klar abzulehnen, weil dies nicht der Weg ist, auf dem Gott uns nötige und hilfreiche Informationen zukommen lässt.

Meditation

Meditation (lateinisch *meditatio* = «das Nachdenken über»; auch in der Bedeutung «zur Mitte ausrichten» von lateinisch medius = «die Mitte») ist eine in vielen Religionen und Kulturen geübte spirituelle Praxis. Die in der Alternativmedizin angebotenen Meditationstechniken stammen oft aus fernöstlichen Religionen.

Der Meditierende versucht, sich in einer Umgebung der Ruhe zu entspannen. Gewöhnlich nimmt er eine bequeme Körperhaltung (meist Sitzposition) ein und konzentriert seine Gedanken auf etwas, das ablenkende oder beunruhigende Gedanken abstellt. Es kann sein, dass er sich auf seine Atmung konzentriert, auf das rhythmische Ein und Aus der Luft. Ein anderer wiederholt vielleicht ein Mantra (ein heiliges Wort, das er von einem religiösen Führer erhalten hat), ein normales Wort oder einen Satz.

So hilfreich für die Entspannung die Meditation auch ist, so sollte man dennoch nicht vergessen, dass die aus fernöstlichen Religionen stammenden Meditationsformen ursprünglich nicht zum allgemeinen Stressabbau entwickelt wurden, sondern um die Menschen in einen Zustand zu versetzen, in welchem ihr rationales Bewusstsein «leer» wird, sodass sie in Kontakt zu ihrem «inneren Ich» oder «kosmischen Bewusstsein» treten können. Die von manchen Meditationsanhängern erwähnte «innere Erleuchtung» kann im Extremfall den Kontakt mit Wesen aus der Geisterwelt bedeuten.

Beurteilung: Auch Christen sollten sich entspannen und allen unnötigen Stress in ihrem Leben abbauen. Christlich ist die Meditation dann, wenn sie das Wort Gottes und die Person Jesu Christi als Inhalt hat. Das Ziel der christlichen Meditation ist es, die Freundschaft mit Jesus Christus zu vertiefen. Darin unterscheidet sich die christliche Meditation (oder auch Kontemplation) vom Buddhismus und dem Zen. Bei Letzterem geht es mehr darum, leer zu werden, während dem es bei der christlichen Meditation um die Verwandlung in Jesus Christus geht.

New-Age

Die New-Age-Bewegung ist eine vielgestaltige Strömung von Vereinigungen und Organisationen, die alle bestrebt sind, in unserer Gesellschaft ein «Neues Zeitalter» (deutsche Übersetzung von «New-Age») der Erleuchtung und Harmonie herzustellen. Dabei handelt es sich um eine Art religiöse Weltanschauung. Kern der New-Age-Bewegung ist die Annahme, dass wir uns in einem neuen Zeitalter - dem Zeitalter des Wassermanns – befinden.

Die Hauptbotschaft des New Age lautet: «Der Mensch kann über die menschliche Widerwärtigkeiten siegen, wenn er nur lernt, die richtigen Methoden anzuwenden.» Hier wird das Machbarkeitsdenken ganz deutlich: Die Esoterik muss dem Menschen schnell neue Kräfte geben und die Person muss die Kräfte nutzen können, um effektiver zu werden. New Age verkündet, dass das «Goldene Zeitalter des Friedens für die ganze Menschheit» gerade anbricht, da der astrologische Zyklus sich dem «Zeitalter des Wassermanns» zuwendet. Nun münde alles in eine harmonische Existenz. Wir sind damit im nach-christlichen Zeitalter angekommen.

In vielen harmlos klingenden Kursprogrammen ist von gesunder Ernährung und Fitness, Entspannungstheorien, besonders vom Positiven Denken die Rede. Dies sind Methoden, in denen etwas Wahres steckt. Doch wenn sie von Gott losgelöst gehandhabt werden, können sie den Menschen für okkulte Kräfte öffnen.

Beurteilung: Letztlich führen diese Methoden immer von Gott weg, denn wer meint, sich selbst helfen zu können oder zu müssen, ist nicht mehr angewiesen auf einen barmherzigen Gott. Er sucht die Erlösung in erlernbaren Methoden und letztlich in sich selbst. Da dies jedoch nie erreichbar ist, finden Gott sei Dank auch viele Menschen über den Weg des New Age, der Esoterik, zurück zum christlichen Glauben.

Die New-Age-Bewegung erklärt explizit, dass wir in einem nachchristlichen Zeitalter angekommen sind und stellt sich damit fundamental gegen das Christentum.

Okkultismus

Okkultismus (lateinisch *occultus* – «verborgen, verdeckt, geheim») ist ein Teilbereich der Esoterik. Im Herkunftswörterbuch, Duden wird «Okkultismus» als «die Geheimwissenschaft von den übersinnlichen Kräften und Dingen» erklärt.

Der Okkultismus besteht in geheimen Techniken der Bewusstseinserweiterung. Ziel ist es, Kontakt zur unsichtbaren Welt aufzunehmen, um von dort Antworten und Lebensperspektiven für den

Menschen zu erhalten. Die gängigen Praktiken in der Gegenwart sind Tischrücken (Planchette) Gläserrücken, Pendeln und Wünschelruten, Karten (Tarot) und Horoskop.

Beurteilung: Klar widergöttlich!

Reiki

«Reiki» ist das japanische Wort für die universelle Lebensenergie (*rei* = universal, *ki* = Lebensenergie, hinduistisch *prana*, chinesisch chi). Das heutige Reiki geht auf den zenbuddhistischen Mönch Mikao Usui zurück, der Mitte des 19. Jahrhunderts ein mystisches Erlebnis hatte, bei dem ihm das Reiki offenbart wurde. Fundament der Reiki-Therapie ist der Glaube, dass jeder Mensch von einer göttlichen, liebenden und heilenden Lebensenergie durchströmt wird. Der Therapeut handelt als «Kanal» für die Reiki-Energie, die er auf den Patienten überströmen lässt.

Bei der Ausbildung zum Reiki-Therapeuten bittet der Reiki-Meister Führer aus der Geisterwelt, die «Energieknotenpunkte» (Chakren) des Schülers zu öffnen und mit Lebensenergie zu füllen. Durch diese Art von Einweihungsritualen, wird dem Reiki-Lernenden die Kraft zugesprochen oder übertragen. Es handelt sich also dabei um ein magisches Heilsystem. Für ihre Heiltätigkeit erhalten die Lernenden durch Eingebung auch besondere Symbole. In der zweiten «Ausbildungsstufe» lernt der Reiki-Therapeut, Führer aus der Geisterwelt zu kontaktieren und die Energie über grössere Entfernungen auszusenden. In der dritten Stufe der Ausbildung zum Reiki-Meister stellt der Therapeut sein Leben in den Dienst des Reiki und seiner Geistführer. Therapeuten der zweiten und dritten Stufe brauchen bei den Sitzungen nicht mehr persönlich anwesend zu sein, da sie die Lebensenergie auch aus der Ferne übermitteln können.

Bei einer Reiki-Heilungssitzung legt der Therapeut seine Hände mit der Handfläche nach unten auf oder über eine bestimmte Stelle des Körpers des Patienten und richtet sich innerlich auf die Lebensenergie aus. Der Fluss dieser Energie ist in der Regel spürbar.

Reiki bezeichnet dabei sowohl die Behandlungsform selbst als auch die Energie, die der erhofften Wirkung zugrunde liegen soll. Angestrebt wird damit Heilung von Krankheiten, aber auch ein verstärktes Vorbeugen und allgemeines Wohlbefinden.

Beurteilung: Da zu Reiki sowohl in der Ausbildung als auch in der Praxis der Kontakt zu der Geisterwelt gehört, ist es eine Therapie, die mit dem christlichen Glauben unvereinbar ist, auch wenn viele Reiki-Meister vorgeben, im Namen Jesu zu heilen. Dass bei Reiki Negatives passiert, beweist die zunehmende Zahl von Reiki-Geschädigten, die nach Ausüben oder Behandlungen von Reiki psychische Probleme bekommen und von Unruhe, Ängsten, Schlafstörungen und Ähnlichem berichten.

Im Unterschied zu Reiki-Therapeuten vertrauen Christen ihr Leben Jesus Christus an und bitten Ihn durch den Heiligen Geist in ihnen und durch sie zu wirken.

Schamanismus

Der Begriff «Schamanismus» leitet sich vom deutschen Lehnwort «Schamane» ab. Zentrale Figur des Schamanismus ist der Schamane, der eine Mittlerrolle zwischen diesseitiger und jenseitiger Welt einnimmt. Besonderes Merkmal ist der Einsatz verschiedenster Mittel (unter anderem rhythmisches Trommeln, Tanz, Trancetanz, psychedelische Drogen, Fasten) zum Erreichen von Trancezuständen. Diese führen in einen anderen Seinszustand und in eine Kommunikation mit Geistern.

Nun handelt der Schamane als Mittelsmann zwischen dem Patienten und den Geistern, um herauszufinden, wie diese gekränkt worden sind und warum sie dem Patienten diese Krankheit geschickt haben. Anschliessend verhandelt er mit den Geistern, um zu klären, was unternommen werden muss, damit der Patient von seiner Krankheit befreit wird. Zurückgekehrt ins normale Bewusstsein führt der Schamane die Handlungen durch, die nötig sind, um die gekränkten Geister zu besänftigen.

Der Schamanismus geht davon aus, dass jede Krankheit religiöse Ursachen hat. Wenn die Ursache gefunden ist, kann der Schamane die Krankheit auch heilen. Diese Geister sind für die von dem Schamanen erzielten Heilungen verantwortlich.

Beurteilung: Das ist alles andere als ein christlicher Heilungsweg. Unbedingt abzulehnen.

Spiritismus

Mit dem Spiritismus (lateinisch *spiritus* = Geist) ist eine Lehre gemeint, durch die ein Kontakt mit den Seelen Verstorbener, so genannter Geister, durch die Hilfe eines Mediums hergestellt wird. Damit wird versucht, Verstorbenen *für unsere Interessen* zu benutzen. Der Mensch will von ihnen in irgendeiner Weise profitieren.

Ein Medium zu verwenden, um Kenntnisse und Informationen von der «anderen Seite», das heisst der Welt der Toten oder Geister zu bekommen, ist so alt wie die Menschheit selbst. Dieses Phänomen gibt es in allen Kulturen. Es taucht in verschiedenen «religiösen» Handlungen unter verschiedenen Namen auf.

Zum Spiritismus gehören spiritistische Sitzungen (Seancen) und eine Anzahl von Manifestationen, die gewöhnlich zwei verschiedenen Typen angehören: dem körperlichen oder dem mentalen Typus. Zu den körperlichen Phänomenen gehören z. B. Tischrücken, Glasrücken, Klopfgeräusche, Materialisationen, Levitation und Betätigungen auf dem Ouija-Brett. Zu den mentalen Phänomenen gehören z. B. automatisches Schreiben, Hellseherei und Sprechen in Trance. Spiritisten halten diese Manifestationen für Beweise über den Kontakt zu Verstorbenen.

Beurteilung: Vom christlichen Standpunkt aus gibt es dreierlei Erklärungsmöglichkeiten für diese Phänomene: Schwindel (Lüge), psychische Kräfte oder die Aktivitäten von Dämonen. Es ist nicht immer leicht zu unterscheiden, welche der drei Erklärungen auf den einzelnen Fall zutrifft. Es geht hier um Toten- oder Geisterbefragung mit Hilfe eines (Trance-) Mediums oder bestimmten Hilfsmitteln wie Glasrücken, Tischrücken, Pendeln, Ouija-Brett, Automatisches Schreiben mit Planchette, usw.

Etwas völlig anderes ist das *Gebet für Verstorbene*, in dem diese der Erlösung durch Jesus Christus anempfohlen werden. Es ist möglich, dass die «Armen Seelen» (Verstorbene, die im Zustand der Reinigung sind) jemandem erscheinen. Damit verbunden ist in der Regel eine Bitte um Gebet, damit diese in die «ewige Ruhe» eingehen können. Wir können nicht beten: «Herr, gib ihnen die ewige Ruhe» und dann ihre Ruhe stören, indem wir sie befragen!

In Israel wurden Totenbefragungen als Abfall von Gott und als Verbrechen angesehen, das schwerste Strafen nach sich zog: *«Wendet euch nicht an die Totenbeschwörer und sucht nicht die Wahrsager auf; sie verunreinigen euch. Ich bin der Herr, euer Gott» (Lev 19,31).*

«Gegen einen, der sich an Totenbeschwörer und Wahrsager wendet und sich mit ihnen abgibt, richte ich mein Angesicht und merze

ihn aus seinem Volk aus» (Lev 20,6). (Vgl. weiter zum Beispiel: Lev 20,27; Dtn 18,10; 2 Kön 21,6; 2 Kön 23,24; 1 Chr 10,13; Jes 8,19-20).

Das Alte Testament verbietet jeden Versuch der Totenbefragung oder der Kontaktaufnahme mit Toten. Es gibt nicht das geringste Anzeichen dafür, dass das Neue Testament dieses Verbot aufhebt.

Talisman

Ein Talisman (vom arabischen *tilsam* = «Zauberbild») ist ein kleiner Gegenstand, oft ein Bild aus Metall oder Stein, der gegen Krankheiten und Zauberei schützen soll oder als allgemeiner Glücksbringer dient.

Beurteilung: Als eine Form des Aberglaubens abzulehnen.

Theosophische Gesellschaft

Die echte Theosophie (wörtlich «Weisheit Gottes») entwickelte sich aus dem biblischen Verständnis, dass das Hören des Wortes Gottes und das dementsprechende Handeln zu Weisheit führen werden. Wenn wir jedoch heutzutage von Theosophie sprechen, meinen wir damit nicht das traditionelle christliche Verständnis, sondern verstehen darunter eine philosophische Richtung des 19. Jahrhunderts, die aus okkulten Wurzeln erwuchs.

Im Jahr 1875 gab Helena P. Blavatsky ihrem «Mirakel-Club» den Namen «Theosophische Gesellschaft». Sie betätigte sich als spiritistisches Medium und stand in enger Verbindung mit verschiedenen okkulten Gesellschaftskreisen.

Im Jahr 1889 erschien das Buch «Schlüssel zur Theosophie», das das dreifache Ziel dieser Gesellschaft darlegt:

- Die Förderung der Verbrüderung aller Menschen und Religionen.
- Die Förderung des Studiums der fernöstlichen Philosophien.
- Die Förderung des Studiums des Okkulten und dessen Praktiken.

Diese Zielsetzung gab dem «internationalen Synkretismus» von heute starke Impulse. Grundlegend für diese Ziele ist die Behauptung, dass alle Religionen dieselbe Wahrheit vertreten und die Menschen zu Gott führen. Damit war der Anstoss für eine «universale Religion» gegeben. «Die Geheimlehre», beruft sich dabei auf Inspiration durch tibetanische Geistlehrer. Dieses Buch gilt als die eigentliche Ausgangszelle des New-Age.

Beurteilung: Widerspricht fundamental dem christlichen Glauben.

Therapeutic Touch / Handauflegen / «Strömen»

Es gibt heute verschiedene (und vermutlich wird es immer wieder neue) Formen von Handauflegung oder Handausbreitung. «Strömen» wird dies auch an einigen Orten genannt. Eine, das japanische Heilströmen ist bekannt unter dem Namen «Jin Shin Jyutsu». JSJ ist eine Methode japanischer Mönche zur Aktivierung der Selbstheilungskräfte. Therapeutische Berührung (englisch: Therapeutic Touch) ist eine so genannte «bio-energetische» Behandlungsmethode des Handauflegens.

Nachdem der Patient sich bequem hingelegt oder -gesetzt hat, beginnt der Therapeut mit seinen Händen „über ihn zu fahren". Die Hände halten meist einen Abstand von 5–10 cm von der Haut des Patienten. Nachdem er mit den Händen über den Patienten gefahren ist, prüft der Therapeut das Energiefeld des Patienten auf potenziell krank machende Störungen, die er auf eine der beiden folgenden Arten korrigiert: Entweder er fährt mit lang ausholenden Bewegungen erneut über den Körper des Patienten um das Energiefeld zu «glätten», oder er führt direkt bestimmten Punkten des Körpers Energie zu.

Beurteilung: Jesus hat oft Menschen berührt und ihnen die Hände aufgelegt, um sie dadurch Seine liebende Nähe und Sein Mitgefühl erfahren zu lassen oder auch um ihnen die heiligende Kraft, den Heiligen Geist, zu vermitteln. Dasselbe taten auch die Jünger häufig, wenn sie für andere beteten.

Handauflegung kann eine natürliche Form von Mitgefühl und Nähe sein. Handauflegung kann aber auch ein «Mittel» werden, um heilende Kraft zu vermitteln. Dann ist entscheidend wichtig, wer die Hände auflegt und welcher «Geist» in ihm lebt und «was» somit durch die Handauflegung oder -ausbreitung vermittelt wird.

Therapeutic Touch beruht auf fernöstlichen religiösen Vorstellungen. Der Therapeutic-Touch-Patient läuft möglicherweise Gefahr, in nichtchristliche Bereiche hineingezogen zu werden und sich durch eine Behandlung okkulte Belastungen zuzuziehen.

Trotz oberflächlicher Ähnlichkeiten sind Therapeutic-Touch und das christliche Handauflegen nicht miteinander vereinbar. Während Christen, wenn sie für die Kranken beten und ihnen im Gebet die Hände auflegen, darum bitten, dass Jesus Christus sie berühre und heile, können Therapeutic-Touch-Therapeuten okkulte Heilungskräfte vermitteln (vgl. dazu auch Reiki).

Traditionelle Chinesische Medizin

Die chinesische Medizin lehrt, dass der Körper eine unsichtbare Grundenergie hat, die durch den Körper fliesst und so die Funktion der verschiedenen Organe reguliert.

Die Therapeuten der Traditionellen Chinesischen Medizin beginnen die Behandlung eines neuen Patienten mit einer intensiven Befragung. Sie notieren auch seine Stimme und Atmung, da diese als wesentlich für den Fluss des *chi* im Körper gelten. Das Hauptziel der Traditionellen Chinesischen Medizin ist die Wiederherstellung beziehungsweise Sicherung des harmonischen *chi*-Flusses durch den Körper, wozu verschiedene Therapien eingesetzt werden. Werden Praktiken wie Yoga und Meditation ihrem ursprünglichen Anspruch entsprechend eingesetzt, muss sich der Patient weitgehend auf taoistische oder buddhistische Vorstellungen einlassen.

Beurteilung: Das hinter der chinesischen Medizin stehende Denken ist nicht in allen Punkten mit dem Christentum vereinbar. Christen sollten allgemein wachsam sein, wo Therapien eng mit nichtchristlichen religiösen Vorstellungen verbunden sind.

Deshalb sollten sich Christen vor einer Behandlung informieren, oder den Therapeuten ganz direkt fragen, ob er z. B. die Akupunktur nur als Methode verwendet oder die traditionell chinesische Medizin (TCM) mit ihrem weltanschaulichen Hintergrund anwendet. Oft geben auch schon Gegenstände in der Praxis darüber Aufschluss (z. B. eine Buddha-Figur oder ähnliches). Vorsicht: Nicht jeder Therapeut, bei dem ein Kreuz hängt, lebt auch aus der Heilsquelle Jesus Christi. Bereits Jesus mahnte zur Wachsamkeit: *«Viele werden unter meinem Namen auftreten und sagen: Ich bin es! Und sie werden viele irreführen» (Mk 13,6).*

Yoga

Yoga ist eine indische philosophische Lehre, die eine Reihe geistiger und körperlicher Übungen umfasst. Der Begriff Yoga (Sanskrit von *yuga* = Joch, *yui* für «anjochen, zusammenbinden, anspannen, anschirren») kann sowohl als «Vereinigung» als auch im Sinne von «Anschirren» und «Anspannen» des Körpers an die Seele zur Sammlung und Konzentration verstanden werden.

Da Yoga ursprünglich aus Indien stammt, liegen die Wurzeln der Yoga-Philosophie im Hinduismus und in Teilen des Buddhismus.

Das Individuum wird hier als ein Reisender im Wagen des materiellen Körpers gesehen. Der Körper ist der Wagen, der Kutscher der Verstand, die fünf Pferde die 5 Sinnesorgane, der Fahrgast die Seele und das Geschirr heisst im Indischen «Yoga».

Dabei ist der Reinkarnationsglaube ein wesentlicher Faktor von Yoga. Fehler in früheren Leben haben direkten Einfluss auf das nächste Leben. Mit anderen Worten: Krankheit und Leid werden als Folge eines früheren mangelhaften oder sündigen Lebens gesehen. Sie müssen ertragen werden; können aber durch gute Werke, Mantra-Rezitationen, Yoga-Übungen u.a. verkürzt werden. Ziel ist das Nirwana, das Nichts, das Auslöschen aller Begierden und Empfindungen. Dort verbindet sich der menschliche Geist mit der Allseele (Atman), was für die Hindus die Erlösung aus dem Rad der Wiedergeburten bedeutet.

Zu Yoga gehören bestimmte Körperhaltungen und Atemübungen, die Körper und Seele entspannen und in eine spirituelle Harmonie bringen sollen. Heute betrachten viele Therapeuten Yoga als System von Übungen zur Förderung von Entspannung und Fitness. Es gibt verschiedene Arten des Yoga.

Wenn jemand allein für sich eine einzelne Körperübung zur Entspannung braucht, ist dies etwas anderes als Yoga. Dass Yoga letztlich nicht vom religiösen Hintergrund losgelöst werden kann, zeigt sich auch darin, dass der oben genannte geistige Hintergrund wesentlich zur Ausbildung des Yogameisters gehört. So haben bestimmte Körperhaltung auch spirituelle Bedeutungen.

Beurteilung: Karma, Reinkarnation und Selbsterlösung durch Übungen widersprechen dem christlichen Menschenbild. Es lauern versteckte Gefahren, wenn man sich z. B. auf die im Yoga übliche Versenkung (Samadhi) oder wenn man sich auf ein Bakhi-Yoga (Hingabe an Buddha) einlässt, das die Wiedergeburt einleiten soll; ebenso wer im Tantra-Yoga die sexuelle Befreiung sucht. Dies alles kann zu massiven, innerseelischen Konflikten führen.

Und selbst wenn es nicht zu Störungen kommt, so kommt es doch zu einer Verunsicherung oder Glaubensverwässerung der christlich Suchenden. Denn ein Hindu oder ein Buddhist sucht seine Befreiung in der Selbstversenkung ausschliesslich durch eigenes Bemühen, während sich der Christ einem personalen Gott gegenübersieht, der ihn in Jesus Christus erlöst hat und dem er sich anvertraut.

Literaturverzeichnis

Aschoff, Friedrich / Noll, Christopher / Toaspern, Paul: Heilung (GGE thema 1). Grindeldruck, D-Hamburg. 3. Auflage 2001.

Bertelsmann: Unviersal-Lexikon. Bertelsmann Lexikon Verlag GmbH, D-München. Aktualisierte Ausgabe 2002.

Dörflinger, Monika: Wege der Heilung? D&D Medien GmbH, D-Grünkraut, 3. Auflage 2007.

Gibello, Erika: «… jetzt sind viele Antichriste gekommen!» Orientierung in den Abgründen der Pseudoreligionen. Danielis Verlag, D-Alzenau, 1. Auflage 2008.

Köller, Reinhard / Schiffner, Georg: Alternative Heilverfahren aus christlicher Sicht. CiG-Denkanstösse Nr. 5. Christen im Gesundheitswesen, D-Aumühle. Erstlauflage 2008.

Manjackal, James: Er berührte mich und heilte mich. Highland Books, München 2005.

Marsch, Michael: Geistheilung – oder Heilung durch den Heiligen Geist? Kanisius Verlag, Freiburg. 1988.

Mischitz, Wolfgang: Die aktuelle Szene in der Esoterik. Richtungen, Gruppierungen und ihre Anliegen und Hintergründe, Vortrag in Spittal an der Drau, 9. Februar 2006.

Müller, Jörg: Verwünscht, verhext, verrückt oder was? Betulius Verlag GmbH, D-Stuttgart, 1998.

O'Mathùna, Dònal / Larimore, Walt: Handbuch Alternativmedizin. Darstellung und Beurteilung aus christlicher Sicht. R. Brockhaus Verlag, D-Wuppertal, 2006.

Theologischer Ausschuss der Charismatischen Erneuerung in der Katholischen Kirche: Gebet um Befreiung. Ein Beitrag zum innerkirchlichen Gespräch. Druckerei Steinmeier, D-Nördlingen, 12. Auflage 2005.

Wikipedia, freie Enzyklopädie des Internets

Veröffentlichungen des WeG Verlages

Von der Freude des Christseins
Der christliche Glaube ist Evangelium: Botschaft der Freude. Hier wird aufgezeigt, wie die Freude am Christsein wachsen kann und was sie erstickt. Für alle, die mit mehr Freude ihren Glauben leben möchten. *32 Seiten mit 3 Farbbildern*

Wozu lebe ich?
Meditativ und klar – versehen mit schönen Farbbildern – werden hier Antworten aufgezeigt, die helfen, das eigene Leben sinnvoller zu gestalten. Auch als Geschenk empfehlenswert. *48 Seiten mit 9 Farbbildern*

Reinkarnation und Auferstehungsglaube
Sachlich und informativ wird hier aus christlicher Sicht aufgezeigt, worin sich Auferstehungsglauben und Reinkarnation unterscheiden. Die Schrift dient allen, die für sich selbst hierüber mehr Klarheit suchen oder andere klärend begleiten möchten. Sie vertieft die Auferstehungsfreude. *68 Seiten mit 6 Farbbildern*

Vom Diesseits zum Jenseits. Tod – und was dann?
In dieser Schrift werden – ausgehend von der Bibel – in einfacher und verständlicher Form folgende Themen erläutert: Das christliche Sterben, die Wiederkunft Jesu Christi, das Gericht, die Hölle, das Fegfeuer und der Himmel. Sehr hilfreich! *48 Seiten mit 5 Farbbildern*

Einheit macht stark
Jesus ging souverän seinen Weg. Er strahlte eine grosse Freiheit und Sicherheit aus. Wie können wir an seiner Souveränität und Stärke Anteil erhalten? Was fördert und gefährdet die Einheit unter uns? Dazu gibt diese Schrift wertvolle Impulse. *40 Seiten mit 2 Farbbildern*

Altes Testament - heute noch aktuell? Erste Zugänge zum Verständnis.
Viele typische Fragen zum Alten Testament werden hier in einen neuen Zusammenhang gestellt und so erklärt, dass darin die bleibende Botschaft des liebenden Gottes aufleuchtet. *48 Seiten mit 8 Farbbildern*

Brennender Dornbusch. Eine Gebetsinitiative
Inspiriert von Sr. Elena Guerra, der Apostolin des Heiligen Geistes, zeigt die Gebetsinitiative Wege auf, wie wir heute um ein „neues Pfingsten“ beten können. Geeignet für Einzelpersonen, Gruppen und Pfarreien. *40 Seiten mit 5 Farbbildern*

Brannte uns nicht das Herz…? Einführung ins innere Gebet. *Pilgerbuch*
Eine Einführung für alle, die ihr Gebet vertiefen möchten. *232 Seiten mit 26 Farbbildern*

Wie der Glaube Frucht bringt? Etappen und Krisen im geistlichen Leben.
Glaube will ausstrahlen, Freude und Frucht bringen. Dies geschieht, wenn die Beziehung zu Gott in allen Phasen des Lebens – auch in Krisen und Enttäuschungen reift und weiterwächst. Dazu ermutigt diese Schrift, die eine wertvolle Einführung und Orientierung fürs geistliche Leben gibt. *56 Seiten mit 8 Farbbildern*

Gebote als Lebenshilfe. Die Zehn Gebote neu erklärt
Die Zehn Gebote sind die Grundlage der menschlichen Gesellschaft. Ausgehend von der biblischen Ursprungsbedeutung wird der heutige Sinn der Gebote dargelegt. Dabei wird offensichtlich, wie die Gebote uns helfen das Leben besser und froher zu gestalten. *112 Seiten*

Nachfolge – Gottes Reich wächst! Impulse zum Lukas-Evangelium und zur Apostelgeschichte.
Sämtliche Texte werden in 208 Impulsen verständlich erklärt und geben inspirierende Impulse für die Nachfolge Jesu. Biblisches Wissen und geistliche Deutung ergänzen sich. Auch als Nachschlagewerk geeignet. Ideal für die Stille Zeit. *336 Seiten mit 18 Farbbildern*

Christus in der Kirche. Katholische Schätze entdecken.
Ausgehend von der Bibel gibt dieses spirituelle Buch einen umfassenden Einblick ins katholische Glaubensverständnis. Viele geschichtliche Entwicklungen werden dargelegt. Auf viele Fragen – auch zur katholischen Sichtweise – werden leicht verständliche Antworten gegeben. Eine Fundgrube für alle, die mehr wissen und die katholischen Schätze entdecken wollen. *280 Seiten mit 49 Farbbildern*

Wachsen in der Kraft des Heiligen Geistes
Der Heilige Geist will uns froh und glücklich machen. Er will in uns wachsen und Seine Kraft in unserem Leben entfalten. So wirkt der Heilige Geist in Tugenden, Gaben, Sakramenten und Charismen. Diese Schrift führt ins vielfältige Wirken des Heiligen Geistes – insbesondere in die sieben Gaben (aber auch in den geistlichen Kampf) - ein und zeigt auf, wie wir kraftvoll und mit Freude unsere Sendung leben können. *120 Seiten mit 10 Farbbildern*

Leiden – wozu? Biblische Impulse zur Leidbewältigung
Warum? Hinter dieser Frage steht oft die existenzielle Not: Wie kann dieses Leiden bewältigt werden? Das Buch zeigt, wie in Verbindung mit Jesus aus unvorstellbarem Leiden Segen wachsen kann. Für alle, die in Leiderfahrungen Hilfe suchen oder anderen helfen möchten. *112 Seiten*

Eucharistie – ein Weg der Wandlung. *Teilnehmerheft mit liturgischen Erklärungen.*
Betrachtungstexte, Erfahrungsberichte sowie theologische Reflexionen zu aktuellen Themen fördern das tiefere Erleben der Eucharistie. *128 Seiten*

Eucharistie – ein Weg der Wandlung. *Lesebuch**
Das Buch will zum Verständnis und zum vertieften Erleben der Eucharistie hinführen. In Anlehnung an die Emmausgeschichte wird der Ritus erklärt und Schritt für Schritt für das eigene Leben fruchtbar gemacht. *88 Seiten mit 10 Farbbildern*

Neu anfangen. *Themen zum Glaubenskurs**
Bilder von Gott, Glauben, Erlösung, Vergebung, Auferstehung, usw. … werden neu betrachtet und wollen zu einer neuen Erfahrung hinführen. In erfrischender Weise regen die Impulse zu einem befreienden christlichen Leben an. *96 Seiten mit 10 Farbbildern*

Komm und sieh. *Themen zum Glaubenskurs***
Ausgehend von der Originalität des Menschen führt diese Schrift Schritt für Schritt zu einer neuen überraschend-schönen Sichtweise des Christseins hin: Jesus als Freund, Heilung unserer Beziehungen, Heiliger als Ermöglicher eines neues Lebensstils sind einige Themen. *136 Seiten mit 14 Farbbilder*

Vater unser. *Lesebuch**
Das Buch führt nicht nur in ein neues Verständnis des Gebetes Jesu ein, sondern hilft Alltag und Glauben als Einheit zu entdecken. Ein neues und frohes Beten führt in den erlösten Lebensstil der Freiheit und Freude der Kinder Gottes ein. *136 Seiten mit 13 Farbbildern*

Glaubenskurse

Für Kinder: «Komm, wir finden einen Schatz»
Für Jugendliche: «Mit Power leben». (Auch als Firmkurs geeignet)
Für Erwachsene: «Neu anfangen», «Komm und sieh!», «Das Feuer neu entfachen», «Alpha-Kurs für katholische Christen», «Vater unser», «Eucharistie – ein Weg der Wandlung», «Christus in der Kirche» und **«Brannte uns nicht das Herz»** (Einführung ins innere Gebet).

Über den aktuellen Stand der Unterlagen aus dem WeG Verlag informiert: www.weg-verlag.ch

* Bei diesen Veröffentlichungen gibt es noch ein Teilnehmerheft zur Begleitung während des Seminars. Ebenso sind Referentenhandbücher mit CD vorhanden.